# L'ÉVOLUTION
## SOCIALE

PAR

## BERNARD-LAVERGNE

SÉNATEUR DU TARN

PARIS

## LIBRAIRIE FISCHBACHER

SOCIÉTÉ ANONYME

**33, RUE DE SEINE, 33**

—

1893

# L'ÉVOLUTION SOCIALE

# L'ÉVOLUTION SOCIALE

PAR

## BERNARD-LAVERGNE

SÉNATEUR DU TARN

PARIS

**LIBRAIRIE FISCHBACHER**

SOCIÉTÉ ANONYME

33, RUE DE SEINE, 33

1893

# PRÉFACE

Le monde entier, tout au moins les nations civilisées du globe, se trouvent sous
l'obsession d'un mouvement formidable
et imminent de la classe des prolétaires.
La France y a sa bonne part, et, quoique
chaque pays imprime au socialisme son
caractère, quoiqu'il soit plus instinctif et
plus impatient chez nous, plus réfléchi, plus
savant et plus discipliné en Allemagne, plus
patient et plus sûr de lui en Angleterre et
plus puissamment organisé en Belgique,
nulle nation n'est à l'abri de ses revendications et de ses menaces. Voilà ce que personne ne peut nier aujourd'hui et ce qui

doit faire l'objet des plus sérieuses préoccupations des hommes d'Etat.

D'où proviennent les grondements sourds qui commencent à jeter l'effroi dans les âmes ? sont-ils les avant-coureurs d'une révolution ? L'agitation qui partout soulève la classe ouvrière est-elle le fait de quelques ambitieux seulement ou le retentissement douloureux d'une situation mauvaise et injuste ?

Voilà le point sur lequel il importe de ne pas se méprendre.

Voilà la question qu'il s'agit d'éclairer avec certitude.

La nécessité d'une révolution sociale est proclamée tous les jours dans les réunions publiques ; la destruction de la société actuelle, par la spoliation et le meurtre, est présentée comme la conséquence inéluctable de cette révolution, et, cela, non seulement par des énergumènes, par des sectaires, par des exploiteurs de l'ignorance et de la

crédulité des masses, mais par des apôtres
« sui generis », par des savants convaincus,
s'appuyant sur une Ecole et sur des livres.

Qu'y a-t-il donc dans tout cela? le néant?
rien de fondé? C'est impossible. L'histoire
n'apporte point d'exemples de soulève-
ments populaires sérieux, étendus sur le
monde entier et si persistants, sans causes
profondes, et ici — ce n'est plus un mystère
pour personne, et personne n'essaie plus
de le nier — il y a dans la situation de l'ouvrier quelque chose d'injuste et de fatal qui
explique les convulsions actuelles du prolétariat.

Hé bien ! s'il en est ainsi, l'hésitation n'est
plus permise ; le devoir des pouvoirs publics
est tout tracé ; le mal mis à nu, il faut y
porter remède.

C'est pour participer, de nos moyens tels
quels, à cette œuvre de justice et de salut,
que nous avons écrit ces lignes.

Nous nous proposons d'établir, d'abord

la vraie situation de l'ouvrier chez nous ; d'examiner, ensuite, les revendications présentées par lui, ou, en son nom, par les Ecoles socialistes, bien résolu à l'appuyer en tout ce qui est juste et réalisable et à combattre tout ce qui relève de l'utopie ou qui est contre l'équité ; enfin d'indiquer les mesures par lesquelles nous croyons possible de dégager le prolétariat de la fatalité qui pèse sur lui, de lui assurer sa liberté « effective, » et en même temps, d'éviter, à la France tout au moins, une nouvelle révolution.

Nos lecteurs ne doivent pas s'attendre à trouver dans ce petit livre un traité complet sur le socialisme. Un pareil traité est fait depuis longtemps et par plus d'un auteur. Je prends le socialisme au point où on l'a conduit et je tire mes conclusions.

# PREMIÈRE PARTIE

# PARTIE CRITIQUE

# CHAPITRE PREMIER

## SITUATION DE L'OUVRIER

Liberté du travail en droit, en fait. — Etat précaire de l'ouvrier. — Le salaire. — Conditions hygiéniques. — L'emploi des machines.

L'ouvrier se plaint de sa situation : a-t-il raison ou a-t-il tort? C'est ce que nous montrera une étude impartiale de l'ouvrier au double point de vue du citoyen et du travailleur.

*En droit.* Le prolétaire prétend — ou l'on prétend en son nom — que la liberté du travail, proclamée par la Révolution de 89, a été pour lui un leurre. Le mot n'est point justifié. Quand l'Assemblée des représentants de la Nation a promulgué les libertés et les droits de l'homme, elle a entendu les attribuer à tous les citoyens ; elle n'a point fait de catégories ; elle n'en pouvait point faire, puisque, au contraire, elle les brisait toutes et plaçait l'égalité partout. La liberté du travail était, comme les autres, pour tout le monde, pour les pauvres comme pour les riches, à titre égal *au moins en droit.*

*En fait ?* Non pas (1). Nous n'hésitons point à le reconnaître ; mais nous tenons à ne pas confondre les choses, afin de marcher sûrement. Nous étudierons la question de liberté *effective,* que le prolétaire ne possède pas, nous le reconnaissons ; mais chaque chose à son heure et par ordre.

Constatons, en ce moment-ci, que la Révolution a reconnu à tous les Français, *en principe et en droit,* la liberté du travail.

---

(1) C'est avec une grande surprise que nous avons vu M. Maurice Block nier ce fait et prétendre que les seules inégalités qui restent aujourd'hui sont les inégalités naturelles (voir *Le Socialisme moderne,* 1891, p. 23).

Pouvait-on lui demander autre chose à ce moment-là, à cette aurore d'une ère nouvelle qu'elle ouvrait à la France et à l'humanité ? Elle proclamait des principes qui mettaient à néant les autorités qui, jusqu'alors, avaient tenu les hommes sous le joug ; elle investissait lès citoyens de tous les droits nécessaires à leur complète émancipation ; elle leur assurait toutes les libertés indispensables à l'application de leurs facultés physiques, intellectuelles et morales : c'était là le vrai commencement, les véritables assises d'un monde nouveau.

Mais on ne pouvait demander de plus à nos Constituants de fournir à chacun les conditions matérielles d'exercer ces droits et ces libertés. Il n'est donc pas plus raisonnable de faire le procès à la Révolution parce qu'elle n'a pas en même temps fourni au travailleur les garanties de travail en lui en assurant la liberté, qu'il le serait de lui reprocher de n'avoir pas donné de garanties suffisantes contre les persécutions politiques ou religieuses à ceux auxquels elle apportait la liberté de penser et d'écrire.

Les pères de la Révolution n'ont donc pas voulu leurrer le pauvre, en édictant, aussi bien pour lui que pour le riche, la liberté du travail. Et ils l'ont si peu leurré, en effet, qu'il n'est point sans en avoir retiré des avantages immédiats. C'est facile à démontrer.

Sous l'ancien régime, l'ouvrier, introduit dans un corps de métier, avait bien son salaire assuré ; mais il était rivé non seulement à ce métier, mais aussi à l'atelier, au *maître* chez lequel il était placé, et, s'il le quittait, comme dans chaque atelier le chiffre du personnel était fixé, il ne pouvait espérer être employé ailleurs. Quant à changer de métier, il n'y fallait point songer. Il pouvait encore moins quitter une localité pour une autre, ni passer du travail des champs au travail des villes.

Je le demande aux ouvriers eux-mêmes, qui peuvent aujourd'hui se transporter dans tous les lieux où se trouve le travail, qui peuvent choisir l'espèce de travail, qui ne s'engagent que pour la durée de temps qui leur plait, préféreraient-ils retourner au temps passé?

Concluons donc que le prolétaire, lui aussi, a eu, en fait, sa petite part des bénéfices qu'a apportés au monde la liberté du travail. Sa *petite* part, disons-nous; car celle du patron, celle de l'employeur a été incomparablement plus grande. C'est le point que nous allons examiner maintenant.

Nous abordons en ce moment ce que l'on pourrait appeler le point culminant du socialisme : la question de la liberté *effective* du travail.

Pour que l'on fût en droit de soutenir que la liberté entière et effective du travail existe pour le prolétaire, il faudrait que la volonté lui suffit pour trouver toujours un emploi.

En sommes-nous là? La France ne possède-t-elle pas des travailleurs qui mettent à chercher de l'ouvrage la meilleure volonté du monde et qui n'en trouvent pas?

Concluons que la volonté ou, ce qui revient

au même, la liberté ne suffit pas. Il faut autre chose. Quoi donc?

L'une de ces trois choses : la *possession* d'outils et de matières premières, ou ce qui permet de se les procurer : un petit *capital* — le *crédit* — ou l'entrée dans un *atelier*.

Or, la possession ne se rencontre que très exceptionnellement, quantité négligeable. — Le crédit n'existe pas encore. — L'embauchage dépend de la volonté de l'industriel ; de là, situation *précaire* pour l'ouvrier.

Voici donc le fait incontestable que nous sommes obligé d'inscrire au début de cette étude : La classe la plus nombreuse, dans notre état social, n'a point les moyens d'existence assurés.

Est-ce vrai ? Peut-on taxer d'exagération cette triste affirmation ? Pourrait-on prétendre, comme on essaie de le faire quelquefois, que l'ouvrier « laborieux » trouve *toujours* du travail ?

Mais la nature même des choses le rend impossible. Quelle est la loi qui régit le travail ?

C'est la loi de l'*offre* et de la *demande*, véritable formule de la liberté du travail. Il en résulte que la condition nécessaire, pour que l'ouvrier trouve du travail, c'est que le travail soit demandé.

Or, il ne l'est pas toujours, ou du moins, pour tout le monde. La *concurrence*, autre effet de la liberté, expose une partie des travailleurs à ne point trouver de place dans l'atelier.

Voilà donc un premier résultat possible, et malheureusement trop réel, de la situation actuelle de l'ouvrier : le manque de travail, le CHOMAGE. Or, le chômage, c'est, sinon le manque absolu de pain et la mort immédiate, tout au moins la misère du travailleur et de sa famille.

Mais il est un autre résultat plus fréquent de la loi de l'offre et de la demande et de la concurrence qu'elle engendre : c'est la baisse du salaire.

Le travail, ou pour parler plus exactement, la *force de travail* (Karl Marx), est une marchandise dont le prix monte quand elle est très demandée et dont le prix baisse quand elle se trouve moins demandée qu'offerte, comme le prix de toutes marchandises. Il peut se rencontrer tels moments — et ceci n'est point, hélas ! une hypothèse, mais une fâcheuse réalité — où l'affluence des bras offerts aux portes d'un atelier est telle, que le prolétaire consent à accepter un salaire *insuffisant*.

Nous verrons tout à l'heure ce qu'il faut entendre par ce mot. Mais, avant, il importe de bien établir que cette offre exagérée de travail n'est pas un phénomène accidentel et passager ; qu'il est, au contraire, une conséquence fatale et durable de l'organisation actuelle de l'industrie ; car c'est là un des plus puissants arguments en faveur de la nécessité d'améliorer la situation actuelle de l'ouvrier.

Au fur et à mesure que l'industrie grandit et se développe, le nombre des ouvriers appelés augmente. Sous ce rapport, l'industrie n'a pas à craindre de manquer de bras. Ils arrivent de partout à son appel. Ceux dont les souvenirs datent d'un demi-siècle ont tous vu le prolétaire des campagnes abandonner les champs pour la ville, et amener ainsi l'insuffisance de bras pour l'agriculture, phénomène regrettable que l'on peut constater à peu près partout à l'heure présente. D'ailleurs, la population ouvrière se reproduit elle-même en proportion des besoins et tend toujours à augmenter.

Si les progrès de la production industrielle étaient continus, le mouvement d'augmentation de la classe prolétaire n'aurait que des avantages. Mais il n'en est pas ainsi : l'incertitude des besoins exacts du marché pousse parfois la production au-delà des besoins et cette surproduction, enlevant à l'industriel ses bénéfices, amène, dans son atelier, un arrêt ou une diminution de travail, qui se traduit par le renvoi d'un certain nombre d'ouvriers. La concurrence effrénée que les industriels d'un même pays se font entre eux, et celle des nations entre elles, produit le même résultat : perte des bénéfices pour le patron, renvoi forcé de quelques ouvriers.

Si bien qu'il en résulte, d'une façon générale, comme le fait observer Karl Marx (1), l'existence d'une armée de réserve toujours à la disposition de l'industrie.

Mais ceci devient encore plus frappant en examinant la question des salaires.

Résultat, nous l'avons vu, de la loi de l'offre et de la demande, le salaire hausse quand le travail est très demandé, il baisse quand il l'est peu.

Conséquemment, toute extension de l'industrie le fait monter, mais pas pour longtemps ; car cette hausse fait affluer les ouvriers à l'atelier et, par la concurrence qu'ils se font entre eux, ils ramènent le salaire au niveau antérieur, peut-être même le font-ils descendre au-dessous.

Mais il descend assurément au-dessous de ce niveau lorsque le travail de l'usine diminue, comme nous l'avons dit tout à l'heure.

Or, que peuvent devenir, en cette circon-

(1) *Karl Marx*. Le CAPITAL résumé par G. Deville, page 2)7.

stance, les ouvriers renvoyés de l'atelier? Que peuvent-ils faire? quelle autre carrière leur est ouverte? Aucune. Ils forment donc fatalement cette « armée de réserve » où l'industriel est toujours certain de pouvoir puiser.

« La présence de cette réserve industrielle, dit Marx *(loco citato)*, sa rentrée, tantôt partielle, tantôt générale, dans le service actif; puis sa reconstitution sur un cadre plus vaste, tout cela se retrouve au fond de la vie accidentée que traverse l'industrie moderne, avec le retour à peu près régulier tous les dix ans, en dehors des autres secousses irrégulières, de la même période composée d'activité ordinaire, de production excessive, de crise et d'inactivité. »

Enfin, n'oublions pas que l'introduction d'une machine peut, d'un moment à l'autre, diminuer le nombre d'ouvriers ou faire baisser leur salaire.

N'abandonnons point ce sujet sans nous être expliqué sur le *taux* du salaire. Sur quoi se basent les économistes pour en fixer la valeur ?

Il y a longtemps qu'Adam Smith a posé comme règle que le salaire devait être équivalent à ce que coûte l'entretien de l'ouvrier et d'une famille de quatre personnes.

Soit ! C'est un minimum ; il est clair qu'on ne peut descendre au-delà si l'on veut que l'ouvrier ne disparaisse pas à la première génération.

Mais nous ferons remarquer que nous sommes, ici, dans la théorie pure et que cela ne donne guère de lumière sur le *prix* en argent que doit être payé ce salaire, seul point de vue pratique de la question. Ce minimum, d'ailleurs, varie beaucoup selon les milieux : il y a certainement 400 0/0 de différence entre le salaire d'un ouvrier de Paris et celui d'un ouvrier de certains villages. Mais ce qu'on ne peut nier, c'est que, partout, le salaire peut descendre au-dessous du minimum à des moments donnés.

Seulement, nous combattrons formellement l'affirmation des socialistes allemands, soutenue par beaucoup de socialistes français, que le

taux des salaires va toujours diminuant. L'assertion nous paraît singulièrement téméraire.
En tout cas, voici des faits : ils prouvent absolument le contraire.

D'abord, en agriculture, il y a cinquante ans,
le prolétaire gagnait, en hiver, 0 fr. 75, en été
1 fr. Il gagne maintenant 1 fr. 50 à 2 fr. l'hiver,
2 fr. 50 l'été, mettant en dehors du calcul ce
qu'il touche pour les travaux des moissons.

Nous observons la même progression dans
les prix des artisans de village : maçons, menuisiers, charpentiers, tailleurs, forgerons, etc.
mais voici un document des plus probants, que
nous devons à l'obligeance de notre collègue,
M. Maret, sénateur de Seine-et-Oise. Il concerne l'industrie du bâtiment à Paris et donne
le prix du travail dans les diverses branches
qui composent cette industrie, de 1850 à 1891.

| | 1850 | | 1860 | | 1870 | | 1880 | | 1891 (Société Centrale) | |
|---|---|---|---|---|---|---|---|---|---|---|
| | Été | Hiver | Été | Hiver | Été | Hiver | Été | Hiver | Été | Hiver |
| Terrassier..... | 3 » | 2 70 | 3 25 | 3 » | 4 » | 3 20 | 5 50 | 4 40 | 5 50 | 4 40 |
| Maçon ........ | 4 » | 3 50 | 5 » | 4 25 | 5 25 | 4 75 | 7 50 | 6 » | 7 50 | 6 » |
| Garçon maçon.. | 2 40 | 2 15 | 3 10 | 2 80 | 3 50 | 3 15 | 5 » | 4 » | 4 75 | 3 60 |
| Charpentier.... | 5 » | 4 » | 5 » | 4 » | 6 » | 4 80 | 8 » | 6 40 | 8 » | 6 40 |
| Couvreur...... | 5 75 | 5 75 | 6 » | 6 » | 6 25 | 6 25 | 7 50 | 7 50 | 7 50 | 7 50 |
| Garçon couvreur | 3 75 | 3 75 | 4 » | 4 » | 4 25 | 4 25 | 5 » | 5 » | 5 » | 5 » |
| Menuisier ..... | 3 65 | 3 65 | 4 » | 4 » | 5 » | 5 » | 7 » | 7 » | 7 » | 7 » |
| Serrurrier..... | 3 25 | 3 25 | 3 80 | 3 80 | 4 » | 4 » | 6 50 | 6 50 | 7 25 | 7 25 |

Du reste, sans recourir aux lumières de la statistique, ne suffit-il pas de comparer les conditions d'existence de l'ouvrier d'aujourd'hui à celles qu'il avait il y a un demi-siècle, pour conclure que son salaire a dû augmenter? Ne se nourrit-il pas mieux, n'est-il pas mieux vêtu, moins mal logé? Sans doute, on trouve encore, dans ses rangs, quelques misères atroces, mais la proportion en a beaucoup diminué.

Dira-t-on que la hausse du salaire est compensée par la diminution de la valeur de l'argent? Ce n'est pas possible, puisque, encore une fois, la vie de l'ouvrier est meilleure : il faudrait alors que les objets de consommation eussent diminué de prix; s'il en était ainsi, cela compenserait la diminution de valeur de l'argent. En réalité certains objets, comme l'habillement, ont baissé; mais d'autres, la nourriture, par exemple, auraient plutôt augmenté.

Les chômages et la détresse passagère qui en découle ne sont point les seuls sujets des légitimes plaintes de l'ouvrier.

Le séjour prolongé dans des usines où les conditions hygiéniques d'aération, de lumière, ne sont pas toujours bonnes, étiole le corps, développe les germes de maladie surtout chez les enfants que, de plus en plus, l'on emploie dans l'industrie.

On prépare ainsi des générations peu robustes. La taille diminue, les forces des adultes n'arrivent plus à l'ancien niveau. La comparaison des contingents militaires, sortis des ateliers, avec ceux qui viennent des champs permet des conclusions trop éloquentes, depuis longtemps constatées.

L'intelligence elle-même, disent les auteurs allemands et nos socialistes à leur suite, s'atrophie. Ici, l'exagération est manifeste. Sans doute, la longueur de la journée de travail laisse peu de loisirs à l'ouvrier pour cultiver son esprit ; mais les efforts que, depuis longtemps déjà, l'Etat fait pour instruire les enfants du peuple ont singulièrement changé les choses à ce point de vue, et les conseils de révision sont encore là pour montrer que la proportion des illettrés devient infime, alors qu'il y a moins de trente ans elle dépassait celle des conscrits qui savaient lire et écrire.

Sans doute le degré d'instruction que présentent les prolétaires est encore bien faible ; mais la voie progressive dans laquelle on est engagé est indéniable. Il n'y a qu'à examiner les programmes des écoles primaires pour s'en convaincre.

Voici le tableau comparatif des illettrés des tirages de 1868 et de 1889, que nous devons à l'obligeance de M. le Ministre de la guerre :

|  | CLASSE DE 1868 | | CLASSE DE 1889 | |
|---|---|---|---|---|
|  | Jeunes gens maintenus sur les listes de tirage | Proportion sur CENT | Jeunes gens maintenus sur les listes de tirage | Proportion sur CENT |
| Ne sachant ni lire ni écrire ........ | 60.724 | 19,60 | 26.051 | 8,40 |
| Sachant lire seulement............ | 7.162 | 2,31 | 6.638 | 2,14 |
| Sachant lire et écrire............ | 235.191 | 75,92 | 267.342 | 86,16 |
| Dont on n'a pu vérifier l'instruction | 6.711 | 2,17 | 10.244 | 3,30 |
| TOTAUX............ | 309.788 | 100 ». | 310.275 | 100 » |

Autre inconvénient : les machines, dont l'emploi si fécond, d'ailleurs, ira toujours en se multipliant, réduisent tout le travail de l'ouvrier à une opération unique, s'appliquant à une fraction de produit, tellement simple que point n'est besoin d'apprentissage pour l'exécuter ; il en résulte qu'en dehors de ce travail infime, l'ouvrier ne sait plus rien faire ; de telle sorte que, selon la piquante remarque de Karl Marx, c'est la machine qui est devenue l'ouvrier et l'ouvrier son servant.

Concluons sur ce premier point que le principe de la liberté du travail laisse l'ouvrier dans un état précaire et que, par conséquent, comme le faisait observer M. Aynard, président de la Chambre de commerce de Lyon, cité dans une conférence par M. Ch. Robert, « ce serait une erreur de croire qu'en économie sociale, on puisse se contenter de la simple justice, c'est-à-dire de l'observation stricte des lois économiques qu'on croit inexorables. » Oui, il y faut quelque chose de plus : il y faut la sympathie pour les travailleurs, il y faut la bonté et aussi la claire vue des nécessités des temps.

Toutefois, qu'on ne se hâte point de condamner sans appel la liberté. Qu'on veuille bien remarquer qu'il y a actuellement des conditions sociales à modifier dans la situation des travailleurs ; mais lorsque le changement sera opéré, c'est encore la liberté qui réclamera ses droits.

Gardons-nous donc d'écouter ceux qui vont jusqu'à soutenir que la proclamation de la liberté du travail a été un mal pour le prolétaire, que l'esclavage et le servage valaient mieux pour lui, « L'esclave et le serf étant au moins assurés de manger, tandis qu'aujourd'hui, on meurt quelquefois de faim, » nous disent-ils.

Sûrs de manger ? Oui ; il est certain que le Maître ou le Seigneur entretenait son bétail humain avec le même intérêt que l'autre bétail ; mais l'esclave ou le serf touchait-il le prix de son travail ? S'il avait parfois un salaire — ou plutôt une aumône dérisoire, — pouvait-il en disposer librement ? Avait-il rien qu'il pût croire véritablement à lui, alors qu'il ne s'appartenait pas lui-même ?

Pensez-vous que ce ne soit rien que la libre possession de ce qu'on a gagné ? Le salaire est souvent insuffisant, je le sais et je le regrette ; mais, pourtant, il suffit parfois à amasser quelque chose. Il permet au moins l'espérance, puissant levier, inconnu, impossible avant la liberté du travail.

# CHAPITRE II



## LE SYSTÈME DE MARX

**Le travail non payé. — Critique de la thèse du travail non payé. — Le bénéfice va-t-il toujours au capital seul ?**

Avant de poursuivre notre étude, nous croyons qu'il importe de faire connaître au lecteur les idées de l'auteur allemand, vrai théoricien du socialisme moderne dans son pays et qui a chez nous des disciples. C'est à lui que les orateurs les plus en vue des réunions publiques empruntent les arguments qui soufflent dans les consciences naïves et ignorantes les haines de classe. Le livre de Karl Marx, sur *le Capital*, a marqué une époque.

Il est impossible de traiter des questions sociales sans en tenir compte, pour l'accepter ou le réfuter.

Le système de Karl Marx repose tout entier sur une idée fort simple, à savoir, que l'ouvrier, employé par un capitaliste, n'est payé que pour une partie de son travail.

Ce travail fait, selon Marx, se divise en deux parties : l'une qui correspond aux moyens d'entretien de l'ouvrier (nourriture, habillement, etc.), indispensable pour sa durée et sa reproduction et qu'il appelle *travail nécessaire*, partie qui absorbe complètement le salaire ; l'autre, qu'il appelle *sur-travail* et qui n'est nullement rétribuée.

C'est ce sur-travail, produisant une *plus-value*, qui, n'étant point payé, représente un véritable vol fait à l'ouvrier par le capitaliste. L'expression dont se sert l'auteur allemand est caractéristique : c'est, dit-il, du sur-travail « *extorqué* ». Et il ajoute : « Le taux de la plus-value est l'expression exacte du degré d'exploitation du travailleur par le capitaliste. »

Et encore : « Toute plus-value, quelle que soit sa forme, profit, intérêt, rente, etc., est le matérialisation d'un travail non payé. Voilà tout le secret de la faculté du capital de faire des petits (p. 224). »

Cette plus-value, s'accumulant tous les ans, forme la fortune du capitaliste, laquelle, étant le résultat de vols annuels accumulés, ne peut représenter que le vol.

Mais, fera-t-on observer, le capital avec lequel un citoyen entreprend une industrie, capital possédé antérieurement à la mise en mouvement de cette industrie, ce capital n'est pas le produit du vol ?

Marx a, ici, deux réponses à vous faire.

Première réponse, un exemple : « Supposons un capitaliste qui ouvre un atelier industriel avec 25.000 fr. » Si ce capital rapporte chaque année 5,000 fr. et que le capitaliste les consomme ; en cinq ans, la somme de la plus-value consommée sera juste de 25.000 fr. Or, quand le capitaliste a mangé l'équivalent du capital avancé, son capital est transformé en capital accumulé et ne représente plus que le travail non payé (p. 248). Donc, au bout des cinq années, le voilà passé à l'état de voleur... s'il ne l'était pas déjà quand il a commencé à faire de l'industrie.

Mais ne l'était-il pas dès lors ?

La question nous amène à rechercher les origines du capital primitif. On lit à la page 304 : « Quelques artisans, quelques ouvriers heureux ont bien pu arriver à devenir capitalistes ; mais, en général, le capital a été obtenu par la force, le pillage, le massacre... La force est l'accoucheuse des sociétés en travail. La force est un agent économique. »

Voilà la théorie de Karl Marx ; la conclusion pratique se devine.

Puisque les capitaux, actuellement détenus à un titre quelconque par leurs possesseurs, sont tous le produit d'un travail des ouvriers qui ne leur a point été payé, les ouvriers peuvent, sans scrupule, les reprendre.

Les reprendre pour qui ? Non pas pour se les partager individuellement ; mais pour en former une masse appartenant à la collectivité. De là le titre de *collectivistes* ou de *communistes*, peu leur importe, que prennent les disciples de l'auteur allemand.

« Ce qui est maintenant à exproprier, dit-il, page 310, ce n'est plus le travailleur indépendant, c'est le capitaliste. » Et plus bas : « Jadis, il s'agissait de l'expropriation de la masse par quelques usurpateurs (allusion à la suppression des petits métiers par les manufactures) ; aujourd'hui, il s'agit de quelques usurpateurs de l'expropriation par la masse. Il n'y faudra pas beaucoup de temps (p. 314). »

Lasalle, venu après Marx, adopte sa doctrine du sur-travail non payé.

En France, M. Malon, qui vient de publier les deux premiers volumes de son ouvrage (1), l'accepte également, cela va sans dire. Le socialisme s'écroulerait sans cette base ; ainsi, non seulement M. Malon, mais tous les socialistes français l'admettent, à quelque secte qu'ils

(1) *B. Malon*, le Socialisme Intégral, chez Félix Alcan.

appartiennent. Il importe donc d'examiner de près cette thèse fameuse du capital tyrannisant le travail auquel il « extorque » sa part légitime dans le produit industriel.

Il est juste de remarquer que Marx, malgré la rudesse de ses termes, porte surtout des accusations générales, s'appliquant au système actuel, à la « Société capitaliste », qui s'est installée aux lieu et place de la Société féodale, comme celle-ci s'était substituée à la période esclavagiste.

Marx fait observer que chaque période historique a ses conséquences économiques. Jusqu'à celle où nous vivons, la richesse, affirme-t-il, ne servait qu'à se procurer des « valeurs d'usage », de consommation, des jouissances ; ce n'est guère qu'à la période présente que la richesse, grâce à l'industrie, a trouvé le secret de se multiplier, qu'elle est devenue le « capital », lequel a la propriété précieuse de « faire des petits ».

Il ne faudrait pas serrer de trop près cette assertion ; car, sous l'esclavage même, le commerce des pays lointains procurait de gros bénéfices et, pendant la féodalité, les juifs avaient trouvé le secret de rendre leur argent très productif, malgré qu'ils ne l'appelassent point capital.

Mais ces considérations sont secondaires et ne doivent point nous empêcher de faire l'analyse exacte de la thèse du révolutionnaire allemand.

Cette thèse contient deux affirmations :

Première affirmation : le capital employé dans l'industrie produit une plus-value, un bénéfice ;

Seconde affirmation : cette plus-value va tout entière au capitaliste et lèse, par conséquent, les droits de l'ouvrier.

Que le capital employé dans une industrie produise une plus-value, personne ne le niera, et j'ajoute : c'est heureux ; car, sans l'espoir d'un bénéfice, personne n'engagerait son argent dans une entreprise industrielle, et les ouvriers ne trouveraient point d'ouvrage.

Ainsi, de l'examen de ce premier point de la thèse, résulte un avantage pour chacune des parties : pour le capitaliste entrepreneur, l'espérance fondée d'un bénéfice, et, pour l'ouvrier, du travail offert.

C'est au sujet du second point que les socialistes ouvrent leurs discussions les plus savantes et leurs critiques les plus amères.

C'est la *force de travail*, dit Marx (je ne cite pas encore, j'analyse), qui donne aux matières premières, sur lesquelles elle s'exerce, la *plus-value* qui fera le bénéfice du capitaliste entrepreneur.

Or, dans ce labeur de l'ouvrier, il faut opérer une division, il faut faire deux parts, absorbant à elles deux la durée de la journée. Dans l'une, nous l'avons déjà vu, l'ouvrier produira une valeur équivalente au salaire qu'il reçoit. J'appellerai celle-là *travail nécessaire*. Dans l'autre, il produira la plus-value, le bénéfice. Je lui donnerai le nom de *sur-travail*.

D'où il appert que, pour la première part, pour le travail nécessaire, elle est équitablement compensée par le salaire; mais que la seconde, n'ayant vis-à-vis d'elle aucune compensation, produisant une plus-value qui va tout entière au capitaliste entrepreneur, cette seconde part de la journée n'est point payée, qu'elle mérite donc le nom de sur-travail et constitue une véritable exploitation de l'ouvrier.

Qu'y a-t-il de vrai, qu'y a-t-il d'exagéré dans cette doctrine?

L'analyse est profonde. Oui, c'est bien la force de travail que le capitaliste achète sur le marché. Et il est certain qu'elle est un des éléments les plus puissants de la création de la plus-value dans la production industrielle, et je n'hésite pas à ajouter : il serait juste que le bénéfice se distribuât entre tous les facteurs de cette production.

Arrêtons-nous un instant sur ce point. Je ne me fais aucune illusion sur la gravité de la concession. C'est la reconnaissance formelle du principe même du socialisme. Et si les « conservateurs » du jour s'en épouvantent, ou s'il leur prenait envie de me reprocher un pareil aveu, je leur dirais que je ne suis pas de ceux qui espèrent écarter les questions sociales en les niant, mais bien de ceux qui pensent que le meilleur moyen d'éviter leurs dangers est de reconnaître ce qu'elles portent en elles de vrai et de faire droit à ce qu'elles contiennent de juste.

Nous croyons fermement, sinon avec Marx, mais avec Lasalle et bien d'autres, que la société actuelle peut résoudre pacifiquement les problèmes sociaux; mais nous croyons tout aussi profondément à l'inéluctable nécessité de les résoudre. De là notre étude absolument consciencieuse, afin de découvrir les mesures à prendre.

Dans toutes les conjonctures humaines, il faut un guide, et j'ai toujours pensé que le meilleur était la vérité. Hé bien, croit-on se trouver mieux placé vis-à-vis de l'ouvrier, dans la question sociale, en niant son droit à la participation qu'en le reconnaissant? Prouvez-lui d'abord votre bonne foi si vous voulez qu'il vous écoute quand vous lui montrerez les exagérations du système par lequel on l'a séduit.

M. Maurice Block n'admet point cette conséquence d'un droit éventuel de l'ouvrier sur la plus-value. Après une critique très fondée de l'organisation du travail dans la « Nouvelle Société », il écrit cette phrase (ouv. cit. p. 92) : « Le fabricant achète le travail à sa valeur ». Pas toujours, comme nous allons voir, en examinant maintenant de plus près le second point de la thèse de Marx : la plus-value va *toute entière* au capitaliste.

Notons d'abord ce premier point : même à cette condition, même alors qu'il ne lui fait pas sa juste part, le travail est une chance heureuse pour l'ouvrier ; car s'il ne le place pas en situation de faire fortune, du moins il lui assure son existence et celle de sa famille.

Mais est-il bien vrai qu'il ne touche aucune part de la plus-value ?

Si, comme l'auteur allemand le prétend avec les économistes, le salaire représente exactement et strictement la valeur des choses nécessaires à l'entretien de l'ouvrier ; si telle est, d'après eux, la mesure équitable du travail *nécessaire, toutes les fois que le salaire dépas-*

*sera ce minimum, la quantité dont il le dé-passera sera prise sur la plus-value et, alors, l'ouvrier aura touché une portion de celle-ci.* Je ne dis pas qu'il en aura eu sa part *exacte et légitime,* mais il est incontestable qu'il en aura eu une part.

Il faut remarquer qu'il n'est point facile de reconnaître si, dans tel cas, la valeur du salaire est dépassée et si l'on doit ou non conclure au reçu d'une part du bénéfice. Il faut reconnaître aussi qu'il n'est pas aisé de dire quelle est la quantité de monnaie qui représente exactement le minimum dont on fait le point de départ du salaire. Et remontant plus haut, j'ajouterai que Karl Marx lui-même serait probablement fort embarrassé de marquer le point de division qui, dans la journée de l'ouvrier, sépare le *travail nécessaire* du *sur-travail,* en d'autres termes de nous indiquer pendant combien d'heures l'ouvrier travaille pour lui et pendant combien pour le capitaliste.

Concluons que nous sommes ici dans les limbes de la théorie pure et que si nous voulons trop préciser, nous nous perdrons. Restons donc dans les choses accessibles ; partons de ce fait qu'il est certain qu'une plus-value ressort de la production et que cette plus-value semble aller droit au capital. Maintenant le travail n'en touche-t-il rien ? Nous avons fait à cette question la réponse théorique. Elle ne résout rien. Prenons une autre voie.

Quand l'ouvrier, après un séjour plus ou moins long dans une usine, présente les indices extérieurs d'une certaine aisance qu'il n'avait pas à son entrée ; quand il s'habille mieux, lui et sa famille, quand il assainit, agrandit ou même embellit un peu son logement, quand le pain de froment remplace le pain de seigle sur sa table, qu'un peu de vin y paraît, il faut bien conclure, si son salaire seul a produit ces changements heureux, que ce salaire a été porté au-dessus du minimum nécessaire ? D'où serait sorti ce surplus, sinon de la plus-value ? Je n'insiste point, mais j'ai droit de conclure que, dans des cas nombreux, une part du bénéfice de l'entreprise arrive au travailleur. Ceci, encore une fois, ne dispense nullement de rechercher si cette part est équitable et nous le rechercherons plus tard ; mais, pour la réalité des choses, la constatation que nous venons de faire était nécessaire. Il est juste aussi de noter les cas où l'industrie ne prospère pas et où il n'y a point de plus-value. Le capitaliste se sera ruiné pendant que l'ouvrier aura vécu.

Mais comme nous voulons tenir la balance égale, nous reconnaîtrons, hélas ! qu'il est bien des entreprises dans lesquelles on n'a pas à rechercher, par des calculs subtils, si la part faite à l'ouvrier — si tant est qu'on lui en ait fait une — est proportionnelle à ses services. Quand, au bout de quelques années, les millions arrivent au capitaliste, pendant que le travailleur reste dans la misère, toute enquête serait superflue. Et tel est le spectacle qui aigrit les âmes, qui sème la haine dans le cœur du prolétaire et qui, donnant la main à un autre fléau, la spéculation, prépare la guerre de classes ! Et voilà ce qui est suspendu sur nous

comme un orage dont les premiers grondements se sont fait entendre plus d'une fois
déjà. Voilà le péril qu'il s'agit d'éviter à la civilisation. Mais comment? par quelles mesures?
à chacun le devoir de les rechercher.

En tout cas l'objectif est tout tracé: il faut,
il faut absolument faire cesser la précarité de
l'existence de l'ouvrier et lui assurer part équitable dans les produits de l'industrie. Par quels
moyens y parviendra-t-on?

# CHAPITRE III

## LES SOLUTIONS DE LA QUESTION SOCIALE

**Opinion des socialistes : Solution de Marx. — Déclaration de M. G. Deville. — Droits de la société actuelle. — Opinion de Lasalle, — de M. Malon.**

Ici les socialistes font observer que l'accaparement du bénéfice industriel par le capital, si regrettable soit-il ; que la spéculation, si immorale, si révoltante apparaisse-t-elle devant la conscience, tout cela est à la fois et dans la légalité et dans les mœurs de la société actuelle ; et voilà précisément pourquoi ils se croient autorisés à la condamner.

Et à quoi la condamnent-ils ?..... à mourir.

A mourir par la violence comme sont mortes les autres sociétés historiques, l'esclavage et la féodalité.

Je pourrais, d'abord, faire observer que si l'humanité, pour réaliser ses destinées progressives, en est encore aux procédés sauvages du fer et du feu, sa prétendue civilisation ne lui a vraiment pas servi à grand'chose ; et je demande que l'on me permette d'espérer au moins la possibilité d'une méthode plus humaine.

Je pose donc pour la société actuelle, en face de cette condamnation absolue : premièrement, le droit de chercher une solution pacifique ; et, en second lieu, le droit de se défendre.

Nous examinerons ces deux points à leur tour. Voyons d'abord l'opinion des auteurs sur les solutions à présenter.

Selon Karl Marx et son école, les vices de la société actuelle sont tellement dans la dépendance de son organisation même, qu'il est impossible de les faire disparaître sans changer cette organisation. « L'époque capitaliste, pour parler son langage, qui est la nôtre, a pour raison d'être l'accaparement continu des richesses par le capital et l'exploitation du travail. Il faut en sortir; il faut ouvrir une ère nouvelle dans laquelle *l'appropriation* INDIVIDUELLE (la propriété privée) cause de tout le mal, n'existera plus; dans laquelle tous les capitaux, terre, instruments de travail et de transport, matières premières, etc., tout formera une propriété *collective*. »

On entrera ainsi dans une nouvelle époque historique, celle du *collectivisme* ou du *communisme*, dont la description détaillée dépasserait de beaucoup les limites de ce petit livre, mais dont nous donnerons cependant une esquisse un peu plus loin. Tout d'abord nous avons à indiquer les moyens pratiques par lesquels on compte passer du régime d'aujourd'hui au régime communiste.

Pour Karl Marx et ses disciples, ces moyens ne sont pas nombreux : ils se résument dans une LIQUIDATION SOCIALE.

Une liquidation sociale, cela veut dire : le dépouillement des possesseurs actuels.

Mais si ceux-ci, par cas assez probable, refusent de céder leurs biens, comment s'y prendra-t-on pour les y contraindre ? Karl Marx vous répond par la phrase déjà citée : « La force est l'accoucheuse des sociétés en travail. »

Cette prise de possession, d'ailleurs, n'est qu'une « restitution. » (Jusqu'à M. Malon qui le dit) (Social Integ. Page 80). Justifions nos dire par quelques citations.

« L'appropriation capitaliste, dit Marx (p. 256, *ouvr. cit.*) n'est que l'application des lois de la production marchande. Ce mode de s'enrichir résulte, il faut bien le reconnaître, non de la violation, mais, au contraire, de l'application de ces lois..... C'est conformément au droit de la production marchande qu'en régime capitaliste, la richesse peut être toujours de plus en plus accaparée, grâce à l'appropriation successive du travail d'autrui non payé. Quelle illusion donc que celle de certaines écoles socialistes qui s'imaginent pouvoir briser le régime du capital en lui appliquant les lois de la production marchande ! »

Ainsi, pas de doute possible sur ce premier point : Karl Marx repousse comme absurde l'idée d'une transformation évolutive de l'état actuel.

En conséquence, comme la transformation de la société s'impose, le procédé de réalisation ne peut être que l'expropriation des possesseurs actuels pour arriver à former la propriété collective.

Pour faire pénétrer dans les esprits la conviction que cette communauté des biens arrivera inévitablement, l'auteur allemand invoque une considération piquante : Le régime capitaliste, dit-il, a préparé cette solution par la concentration progressive des capitaux, les gros mangeant les petits, et plaçant l'industrie dans un nombre de mains toujours plus restreint; mais ces sortes de monopoles ne pourront suffire au mouvement industriel, s'augmentant toujours dans des proportions trop hautes, grâce aux progrès qu'impriment à la production industrielle l'application de la science, les puissants instruments, etc. C'est donc la socialisation du travail qui s'impose, si on veut qu'il continue : « La production capitaliste engendre elle-même sa propre négation avec la fatalité qui préside aux évolutions de la nature. Elle tend à rétablir non la propriété *privée* du travailleur, mais sa propriété fondée sur les progrès *réalisés par la période capitaliste*, sur la coopération et la possession commune de tous les moyens de production, y compris le sol. Ce que, à mesure que la grande industrie se développe, la bourgeoisie capitaliste produit avant tout, ce sont ses propres fossoyeurs. (p. 312). »

Arrivons maintenant à un socialiste qui n'y va point, comme on dit, par quatre chemins et qui nous édifiera à souhait sur les procédés que l'on compte employer :

« Qu'on le déplore ou non, la force est le seul moyen de procéder à la rénovation économique de la société... Cette transformation est subordonnée à la prise de possession préalable du pouvoir politique. La classe ouvrière doit s'emparer par la force de ce pouvoir, qui, entre ses mains, sera l'instrument de l'expropriation économique de la bourgeoisie et de l'appropriation collective des moyens de production. La première chose à faire est de déloger la bourgeoisie du gouvernement comme celle-ci en a délogé la noblesse..... Il faut lui enlever, d'abord, toute possibilité de résistance. (*Karl Marx :* LE CAPITAL. Préface par G. Deville, p. 56-57.)

Pour le moment, ne pouvant fixer l'heure de la révolution, qui sonnera d'elle-même, il s'agit de se préparer les meilleures chances possibles de succès. Toutes les réformes que la bourgeoisie donnera sont bonnes à prendre : « Ce ne sont pas les socialistes qui la verraient de mauvais œil entrer dans cette voie. C'est avec joie qu'ils accueilleraient, par exemple, la limitation des heures de travail. Les heures exténuantes employées à enrichir les capitalistes pourraient être utilisées pour l'action politique et la propagande socialiste, auxquelles est physiquement réfractaire l'ouvrier maintenu douze et quinze heures dans les bagnes industriels...

Accorder les réformes c'est nous jeter des armes, c'est nous rendre plus forts contre nos adversaires, devenant plus faibles à mesure que nous le sommes moins. L'appétit vient en mangeant. Plus on obtient et plus on exige, aussi les réformes effectuées, au lieu d'enrayer le mouvement révolutionnaire, pousseraient à lutter en même temps qu'elles fourniraient des hommes plus aptes à la lutte. Les socialistes seront donc heureux de toute réforme (p. 55). »

Voilà ce qu'on peut appeler un aveu dépouillé d'artifice et qui explique bien pourquoi toutes les réformes que le parlement a édictées pour permettre aux ouvriers de discuter et de servir leurs intérêts — témoin la loi de 1884 sur les syndicats, ont été tournées en armes de guerre contre la société, par un certain nombre d'ouvriers seulement, il est vrai. Car c'est le très petit nombre qui partage encore les idées de M. G. Deville et autres chefs actuels du socialisme militant.

Toutefois, je prierai ceux qui seraient disposés à se sentir rassurés par le fait de ce *petit* nombre. de méditer le passage suivant du même auteur. C'est une réponse à ceux qui s'étonnent que les socialistes veuillent engager la lutte alors qu'ils savent pertinemment qu'ils ne forment qu'une minorité dans le prolétariat :

« On oublie que la plupart des révolutions sont l'œuvre de minorités, dont la volonté tenace et courageuse a été secondée par l'apathie des majorités moins énergiques. Serions-nous en république, si on avait attendu, avant de l'établir, l'adhésion de la majorité du pays à l'idée républicaine ? (p. 56).

Mais achevons de faire connaître le plan de bataille :

« Les révolutionnaires· n'ont pas plus à choisir leurs armes qu'à décider du jour de la révolution. Ils n'auront qu'à se préoccuper de l'efficacité de ces armes, sans s'inquiéter de leur nature. Il faudra n'être pas inférieurs aux adversaires et, par conséquent, utiliser *toutes les ressources que la science met à la portée de ceux qui ont quelque chose à détruire.* »

Je suppose qu'on a compris? Le conseil, d'ailleurs, a reçu déjà un commencement — ou des essais d'exécution.

Terminons ces citations par un aperçu des moyens pratiques.

Le petit paysan propriétaire, le petit industriel seront laissés tranquilles. On attendra qu'ils viennent par attraction ou que la force des choses les amène au socialisme. Pour engager le premier, on lui annoncera la suppression de toutes les dettes non hypothécaires et de l'impôt foncier (p. 60).

Quant à la modification économique de l'ordre social, « elle est immédiatement possible pour tout ce qui est grande industrie ou grand commerce, partout où la concentration des capitaux est accomplie. A l'égard de ce qui se trouvera sous la main de l'Etat, pas de difficulté ; il faudra ajouter à la prise de possession des services publics, la suppression de la dette... A l'égard de tout ce qui sera constitué sous la forme sociétaire, pas de difficulté non plus ; il n'y aura qu'à annuler les titres, actions

ou obligations, ramenant tous ces papiers ma-
culés à leur valeur au poids. L'appropriation
collective des capitaux déjà réalisée, revêtira
ainsi sans bouleversement dans le mode de
production, la forme sociale au bénéfice de tous.
Ce sera une reprise pure et simple. » (p. 61).

Voilà un résumé qui a l'avantage de fixer le
lecteur sur les dispositions actuelles, *présen-
tes*, des socialistes de l'école allemande : c'est
une mise à jour de leur programme.

Arrivons à quelque chose de moins décou-
rageant, sortons de cet enfer sur la porte du-
quel certain socialisme avait écrit, pour la
« Bourgeoisie » : *Lasciate ogni speranza*. Non,
non, il n'est point vrai le terrible dilemne :
ou le prolétaire détruira la société actuelle, ou
il restera misérable.

Cette société s'appelle la CIVILISATION. Elle
est fille de 89, c'est-à-dire du plus beau mouvement d'émancipation que l'histoire ait inscrit dans ses annales. Elle est le patrimoine de
l'humanité tout entière, qui ne se le laissera
pas arracher.

Déjà, dans la patrie de Marx, son plus brillant disciple, un grand esprit, admet la possibilité d'une évolution pacifique. Voici ce qu'écrit Lasalle dans son livre *Capital* et *Travail* (1) :

« Le moyen transitoire le plus modéré, le plus facile, ce sont les *associations productives des travailleurs avec le crédit de l'Etat*..... C'est là le moyen transitoire le plus modéré ; mais ce n'est nullement encore la solution de la question sociale *qui demande le concours de générations* ; mais c'est le grain organique de sénevé dont la vitalité irrésistible se développe d'elle-même. »

Voilà un précieux témoignage ; car il émane d'un homme dont le nom est d'ordinaire associé au nom de Marx ; d'un esprit profond, extrêmement érudit, aussi solide logicien que l'autre ; et je crois que c'est dans la différence des caractères de ces deux hommes qu'il faut

______

(1) Traduit par *Malon.* Voir Bibliothèque socialiste, page 257.

chercher la cause de la différence de leurs conclusions. Marx accuse une nature plus sombre,
plus aigrie, plus impitoyable : ce qui la domine
c'est le désir de venger le prolétaire de l'op-
pression des « bourgeois. »

Lassalle, plus chevaleresque, est pénétré de
dévouement pour la classe ouvrière, sans pour
cela, souhaiter l'extermination des autres classes. Il ne repoussera pas la révolution si elle
devient indispensable, mais il souhaite, il
espère que les moyens pacifiques suffiront à
opérer la transition de l'état présent à la société nouvelle.

Ce sont bien là, je suppose, les dispositions
du socialiste français, M. Benoît Malon. On lit
dans la préface du deuxième volume de son
livre (1) :

« Deux voies peuvent conduire à cette terre
promise..... La voie révolutionnaire est plus
rapide, mais combien plus incertaine et plus
douloureuse ! Outre les irréparables sacrifices

______

(1) Le Socialisme intégral, par *Benoît Malon*, 2ᵉ partie.

de vies humaines qui ensanglantent les jours de lutte, il faut toujours compter, en révolution, avec la longue, l'inévitable et terrible crise de transition et de misère générale, pendant laquelle tout le monde souffre et que suivent, le plus souvent, les moments de découragement et de doute si favorable aux réactions inexorables. Il y a là un grand danger qu'on évite en suivant la politique qui consiste à arracher aux pouvoirs publics toujours le plus de réformes possible (page XVII). »

A la bonne heure : voilà les paroles d'un honnête homme. A remarquer que M. Malon souhaite des réformes pour le profit immédiat de l'ouvrier, tandis que l'auteur que nous citions plus haut les accapare à l'actif de la révolution. Celte différence entre deux socialistes français est à noter et donne un aperçu des divisions qui règnent entre nos nombreuses sectes socialistes, comme nous le verrons plus tard.

Continuons de citer : « Ceux qui préfèrent la méthode révolutionnaire à la méthode ré-

·formiste allèguent les lenteurs de cette dernière. L'argument est singulier. Les explosions révolutionnaires, qui ne sont, en somme, que des crises d'évolution, sont hors de l'intervention des partis. Elles éclatent à leur heure et tout ce que nous pouvons faire c'est de nous y préparer. En attendant, l'engrenage capitaliste broie ses victimes, sans autrement se soucier de ceux·· qui protestent par des menaces ··vaines.

« Que faire ? Devrait-on attendre que le développement fatal du système capitaliste produise les excès qui en amèneront la destruction, en poussant à leurs dernières limites la spoliation de la bourgeoisie et l'affaissement du prolétariat ? Ce serait un peu long et les victimes des iniquités sociales ont peut-être le droit de se retourner sur le gril de leurs tourments et de se demander si l'intervention sociale, sans préjudice des intégrales transformations futures, ne pourrait pas hâter quelque peu la marche trop lente des maturations historiques et des fatalités économiques..... *Soyons révolutionnaires quand les circonstances l'exigent et réformistes toujours* (p. XIX). »

On le voit, M. Malon est, au fond, pour les solutions pacifiques ; toutefois, il ne répudie pas formellement la révolution ; c'est probablement le milieu qui en est cause. Qu'on nous passe cette expression : il est dans le train et il ne peut dire absolument *raca* aux révolutionnaires. Mais sa conception du socialisme, dont il fait le synonyme et l'aboutissant de tous les progrès, non seulement économiques mais intellectuels et moraux de l'humanité, exclut absolument la méthode révolutionnaire. Tandis que l'école de Marx ne vise que la réforme économique, par cette excellente raison que toutes les manifestations humaines, mœurs, religion, politique, etc., ne sont pour elle que la conséquence et le reflet des rapports du travail.

Du reste, voici une considération de nature à refroidir, ce me semble, les espérances des révolutionnaires les plus décidés et les plus impatients.

Ils sont tous cosmopolites ; leur solidarité, fort large, s'étend à tous les prolétaires du globe. Il en résulte que l'organisation socialiste de la France ne peut guère s'opérer que simultanément avec celle des autres pays, tout au moins des pays européens. Et, en effet, cette organisation — qui sera laborieuse, les intéressés, comme nous le verrons, le reconnaissent eux-mêmes — écarte absolument l'éventualité d'une guerre. Imaginez, en effet, le trouble qu'apporterait à ce travail de transformation, une invasion militaire ! Or, les socialistes peuvent-ils nous garantir contre cette éventualité ? D'ailleurs, il y a encore un point financier à élucider. L'organisation nouvelle annonce qu'elle aura besoin d'argent, de beaucoup d'argent, d'un budget de quatre milliards environ et l'on escompte les dépenses, *supprimées*, que nous consacrons aujourd'hui au ministère de la guerre.... Décidément l'avènement de l'ère nouvelle n'est point pour le printemps prochain !

# CHAPITRE IV

## LA SOCIÉTÉ NOUVELLE

**Révolutionnaires et évolutionnistes. — La propriété, la religion, la famille, l'Etat. — Programme. — Les sectes socialistes en France.**

Il nous semble opportun, au point où nous sommes arrivés, de donner au lecteur un aperçu de cette société nouvelle que le socialisme nous promet. On verra que l'idéal des deux Écoles (pacifique et révolutionnaire) identique dans ses principes, présente quelques nuances dans les détails. Voici les parties communes. Elles forment la base des systèmes :

« Possession collective et inaliénable du sol et

des instruments de travail ; appropriation individuelle, par chaque travailleur, de l'équivalent de sa production, les charges sociales étant
remplies ; la patrie s'étendant et, de *nation*,
devenant, d'abord, *continentale*, puis *inter-
continentale* (européo-américaine) et finale-
ment *planétaire* (Malon. Tome I<sup>er</sup>, p. 36-37). »

Fort bien ! Voilà les deux principes : communauté de biens — appropriation personnelle
du produit de son travail. Mais sous quelle
forme s'opèrera le travail dans la société socialiste ?

Disons, d'abord, que la commune agran-
die est l'alvéole de ce monde nouveau. Au-
dessus d'elle — immédiatement — est l'Etat
(la nation d'aujourd'hui) et une confédération
réunit tous les Etats ensemble. La commune
a son conseil élu ; l'Etat de même, et, au-dessus de la confédération des Etats, plane un
*grand conseil amphictyonique*.

C'est dans la commune que le travail se
donne. Il n'est plus individuel, il est collectif.
L'Etat, ou la commune elle-même, fournit

l'outillage, le local et les matières premières qui lui appartiennent toujours, et l'ouvrier travaille. Sur le produit, on prélève : 1° la part correspondant aux charges publiques (l'impôt) ; 2° une somme représentant l'usure des instruments et la valeur des matières premières ; le reste, constituant la plus-value acquise par le travail, est partagé entre les ouvriers, au prorata du droit de chacun.

Voilà la partie matérielle. La partie intellectuelle et morale touche infiniment plus M. Malon que les disciples fidèles de Marx. Faisant, comme nous l'avons dit, le socialisme synonyme du progrès humain dans toutes les directions, l'auteur français tient le lecteur à des hauteurs dont l'école allemande paraît se soucier assez peu. Les uns et les autres veulent que la commune donne l'instruction intégrale, ils la préconisent même dès aujourd'hui ; mais, tandis que M. Malon la recommande comme un des plus sûrs éléments de relèvement, le traducteur de Marx semble l'apprécier surtout comme moyen de créer des révolutionnaires : « nous reconnaissons d'autant plus son utilité que, répandue dans la masse, elle aura une heureuse action au point de vue révolutionnaire. Plus la masse sera instruite, plus elle prendra vite conscience de sa position d'exploitée, et moins elle sera disposée à souffrir en silence : tout salarié instruit sera bien près d'être un révolté. » (DEVILLE. Traduction de Marx. *Le Capital*, p. 40).

Au point de vue moral, M. Malon place devant lui, comme un double phare, la justice et la bonté. M. G. Deville (p. 11), appelle la morale et le progrès des « principes mirobolants » et ne croit guère à leur efficacité pour changer le monde. C'est logique, puisque, selon l'école de Marx, tout découle de la forme de la production industrielle : « Quant à l'espoir de modifier directement l'état mental de la nation, c'est une utopie. Le milieu économique déterminant, avec les conditions d'existence, les idées de l'homme, pour changer celles-ci, il faut commencer par modifier les phénomènes extérieurs dont elles ne sont que le reflet (p. 40).»

Voyons maintenant l'application de cette double philosophie aux institutions qui se retrouvent à la base de toute société : la religion, la famille, la propriété, l'Etat.

Le socialisme ne proscrit point ces institutions ; il se borne à les transformer. Nous avons vu comment il transformait la propriété ; voyons ce qu'il fait des autres.

Sur la question de la religion, M. Malon est assez réservé : « fétichisme, un certain panthéisme, polythéisme, monothéisme, chaque grand stade de civilisation a eu sa forme religieuse passagère, reflet d'un état mental et social particulier. La forme religieuse de l'avenir nous est inconnue ; nous pouvons pourtant présumer qu'elle ne saurait être surnaturelle en l'état actuel du savoir humain.

« Nous pouvons donc penser que le lien moral nouveau devra s'appliquer exclusivement à une conception rationnelle de l'univers et aux *desiderata* collectifs du genre humain, amélioré par le savoir, par le concept et l'acceptation des devoirs sociaux, éclairant et dominant les égoïsmes, presque souverains en ce moment. » (Malon, p. 33).

Le doute philosophique prudent qui se sent dans cette théorie, ne se retrouve point dans les idées du commentateur de Marx. Ceux qui aiment les affirmations quand même seront plus satisfaits avec lui.

« Au point de vue religieux, il y a simplement projection de phénomènes naturels en dehors et au-dessus du monde réel. En butte à des forces extérieures, les hommes ont incarné des personnages mythiques dans ces forces. A cette heure, ces forces, rapportées à leurs véritables causes, ne donnent plus lieu à personnification, à divinisation.

« Seulement, aux forces de la nature se sont ajoutées, pesant sur l'existence de l'homme, les forces sociales. C'est dans l'origine inexpliquée des douleurs subies, qu'il faut aujourd'hui chercher la source des idées religieuses. Tant que la masse sera le jouet du mode de production, les misères que le mode capitaliste engendre et dont elle souffre, conserveront à ses yeux un caractère extra-humain ; la peur de cet inconnu qui l'accable, le sentiment religieux persistera.

« La religion n'est plus que le reflet cérébral des forces sociales ; l'affranchissement de la pensée est donc lié à l'affranchissement du travail. Le despote terrestre, le capitaliste, entraînera dans sa chûte le croquemitaine céleste (p. 40). »

Passons à la famille. M. Malon dit (p. 35) : « ...L'amour seul doit décider des unions ; l'amour ou le devoir librement consenti doivent seuls en garantir la durée. Les enfants ont droit à une enfance heureuse et à un bon développement intellectuel et physique. Pour cela, la société doit, le cas échéant, se substituer aux parents manquants, impuissants ou indignes. C'est là le système des *unions libres*, qu'il ne faut pas confondre avec l'*amour libre*. »

Plus loin (p. 353), le même auteur ajoute cette phrase, qu'il est équitable de relever ici : « Le mauvais de la famille actuelle, ce n'est pas la monogamie, qui est la forme la plus digne de l'union des sexes et qui subsistera avec de nombreuses améliorations. C'est plutôt la quasi indissolubilité légale, la subordination légale de la femme, l'étouffement des plus incompressibles sentiments de l'être sous de viles préoccupations mercantiles. ... *Ceux qui s'aiment sont époux,* a dit Saint-Just. Nous ne pouvons aller si loin dans l'état actuel de la civilisation européenne. »

M. G. Deville (p. 43) : « Le mode de propriété transformé, le mariage perd sa raison d'être, et, librement alors, sans crainte de mésestime, filles et garçons pourront écouter leur nature, satisfaire leurs besoins amoureux, et exercer tous les organes dont l'hygiène exige le fonctionnement régulier. L'égalité des moyens d'action et de développement réalisée pour tous, l'entretien des enfants soustraits au hasard de la naissance et devenu charge sociale, il n'y aura plus place ni pour la prostitution, ni pour le mariage qui n'est que la prostitution par devant le maire. »

Arrivons à l'Etat : que devient-il ? On ne le

supprime pas, on le transforme : « Nous voulons substituer de plus en plus à l'Etat dominateur et spoliateur, tout empêtré de militarisme et de parasitisme, un Etat presque exclusivement administrateur et garant de la chose et de la paix publiques... Le socialisme intégral de l'avenir trouvera une devise signifiant : *Justice, fraternité, solidarité*, dans l'ordre humain; *compatissance universelle*, dans l'ordre planétaire (vis-à-vis des animaux). (Malon, p. 36). »

La question de la femme dans l'Etat est trop de mode aujourd'hui pour que le socialisme la négligeât. M. Malon (p. 382) s'en empare et lui donne, au début, l'électorat consulaire, puis l'éligibilité, puis l'électorat politique et même l'éligibilité. Il veut aussi organiser le droit de suffrage ; il accepte le *referendum* et veut la *précision du mandat*, qu'il réalise en formant deux Chambres : l'une *économique*, l'autre *politique* ; celle-ci élue au suffrage universel ; la première produite d'élections professionnelles s'appliquant à des éligibilités spéciales.

Résumé du programme socialiste :

« Liberté de presse, de réunion, d'association ;

« Refonte des codes ;

« Abolition du budget des cultes, séparation des Églises et de l'État, organisation de fêtes publiques fréquentes et périodiques, remplacement des fêtes religieuses par des fêtes civiques d'un haut caractère moral et social ;

« Gratuité de la justice, garanties plus amples accordées à l'accusé, développement de la justice arbitrale, consulaire et corporative ;

« Substitution aux prisons de colonies pénitentiaires, principalement agricoles ;

« Universalisation de l'instruction intégrale et professionnelle ; repas, vêtements, fournitures scolaires aux frais de la collectivité ;

« Élection d'un conseil international d'arbitrage pour juger souverainement des conflits et des différends entre nations, aussi pour préparer la Fédération internationale ;

« Remplacement des armées permanentes par des milices nationales qui perdraient leur

caractère militaire au fur et à mesure de la
·génération de l'arbitrage ;

« Abolition des ordres privilégiés et de la
vénalité des offices. »

M. G. Deville n'a pas la même foi dans le
suffrage universel ; il ne s'en faut pas de beaucoup qu'il le proscrive. En tout cas, il semble
regretter qu'on l'ait introduit chez nous ; car il
n'a été pour l'ouvrier qu'un instrument de
mystification, qui a concouru à river un peu
plus solidement ses chaînes.

« Par le suffrage universel, dit-il (p. 45), ceux
qui étaient sous la dépendance économique de
la classe bourgeoise, sont devenus les facteurs
de sa domination politique... C'est pourquoi,
si la forme gouvernementale a fait un pas avec
l'installation de la République, dernier terme
de l'évolution purement politique, l'organisation sociale, cause fatale de la misère, n'a pas
varié et ne variera pas tant qu'on ne touchera
pas à la forme de propriété. Le suffrage universel voile, au bénéfice de la bourgeoisie, la véritable lutte à entreprendre... Néanmoins, dès

l'instant qu'il existe, il faut tâcher d'utiliser de
son mieux un état de choses qu'on n'aurait pas
provoqué, mais qu'on ne peut pas ne pas subir.
..... Qu'il serve à réparer le mal causé par la
fusion politique du prolétariat et de la bourgeoisie, en formant, en dehors de tous les partis bourgeois, l'armée de la révolution sociale...
Procédé de groupement du prolétariat pour la
lutte, le suffrage universel peut contribuer à
accentuer la scission entre les classes confon-
dues politiquement par lui, mais c'est là tout
ce qu'il est capable de faire. Le moyen de hâter,
à l'aide du suffrage universel, cette formation
de l'armée ouvrière, c'est la candidature de
classe, continuant en politique la guerre des
classes qui régit notre état social, affirmant sur
le terrain électoral l'antagonisme entre ceux,
quelles que soient leurs vues politiques, qui
détiennent les forces de production et le prolétaire. Mais il ne faut pas identifier la candidature de classe et la candidature ouvrière.
Cette dernière sera absorbée, petit à petit, par
la bourgeoisie. C'est un nouveau piège tendu

à la naiveté du prolétariat. » (P. 49). Jamais déclaration de guerre ne fut plus explicite.

M. G. Deville repousse les droits politiques des femmes.

Disons enfin qu'il ne croit pas davantage aux vertus de l'association, ni à la participation aux bénéfices, les capitalistes « rattrapant par ce système plus qu'ils n'ont l'air d'abandonner (p. 51) », ni à la modification de l'impôt. Il ne croit qu'à la Révolution.

Non pas que la révolution soit le but, elle n'est que « le moyen que nous imposent les circonstances pour l'atteindre. Ce que nous poursuivons, ce n'est pas l'instauration par un coup de force d'une forme sociale dont nous avons le plan dans la tête, c'est le remplacement de l'ordre capitaliste par l'ordre dont les éléments se développent dans le sein même de l'ordre actuel. Cette transformation est subordonnée à la prise de possession préalable du pouvoir politique. La classe ouvrière doit s'emparer par la force de ce pouvoir qui, entre ses mains, sera l'instrument de l'expropriation économique de la bourgeoisie et de l'appropriation collective des moyens de production. »

Nos lecteurs regretteront certainement que l'auteur ait gardé pour lui ce plan qu'il a dans la tête.

M. Malon, tout au contraire, nous fait connaître le sien, qui comprend : d'une part, les mesures évolutionnistes destinées à nous conduire progressivement à la société nouvelle ; de l'autre, l'état du socialisme.

Voici les premières :

Reconnaissance du *droit au travail* pour les valides, du *droit à la suffisante vie*, dans la mesure des ressources sociales, pour les invalides.

*Législation nationale et internationale du travail*, qui comprendrait en première ligne :

*La réduction de la journée de travail à huit heures*, l'interdiction du travail des enfants au-dessous de 14 ans, de certains travaux pour les femmes, etc.;

*La suppression de tous les monopoles concédés à des particuliers* (chemins de fer, mines, etc.), par suite, nationalisation du crédit ;

*L'abolition graduelle des dettes nationales et communales*, par exemple par la transformation des titres perpétuels en titres temporaires, l'amortissement devant se faire en 20, 30 ou 50 années ;

*Le crédit aux corporations agricoles et industrielles* ;

*La constitution d'un croissant domaine national et établissement de colonies agricoles ;*

*La facilitation de la culture en commun* ;

*La réfection de la loi sur les Sociétés financières*, entraînant la suppression de l'anonymat, la responsabilité des contractants et la sévère réglementation des marchés à terme ou jeux de bourse ;

*La suppression de l'intérêt perpétuel*, transformé en prime d'amortissement (page 394).

Voici maintenant un aperçu de la Société socialiste, et d'abord les « *nuisances* » actuelles destinées à disparaître :

« *La guerre ;*

« *Les antagonismes économiques ;*

« *L'ignorance.* »

Remplacés par :

« *La paix internationale et la fédération des peuples ;*

« *L'organisation solidariste de la production et de la répartition des richesses ;*

« *L'universalisation du savoir et de la culture morale.* »

Enfin, rappelons « qu'au-dessus des conseils des communes, qu'au-dessus des parlements économiques et politiques des états, planera le *Grand Conseil amphictyonique* des nations fédérées » dont voici maintenant les attributions :

« *Arbitrage entre les Etats ;*

« *Législation internationale du travail ;*

« *Colonisation scientifique, progressive, civilisatrice ;*

« *Grands voyages scientifiques ;*

« *Observations météorologiques pour arriver à l'amélioration des climatures ;*

« *Statistique du globe ;*

« *Encouragements aux inventions et découvertes d'utilité internationale ;*

« *Unification des poids, mesures et monnaies;*

« *Initiation pacifique, bienfaisante et graduelle des peuples moins avancés aux bienfaits de la civilisation socialiste ;*

« *Direction des armées industrielles de volontaires, levées pour les grands travaux de fertilisation, d'amélioration, d'embellissement de la planète ;*

« *Initiative des mesures générales de préservation, de réparation, d'améliorations exigées par les circonstances* » (page 397).

Le lecteur reconnaîtra aisément dans ces programmes ce qu'il y a d'utopique et ce qui forme l'aboutissement naturel du progrès humain, sans que nous soyons obligé de faire de chacun des articles une critique qui nous mènerait trop loin. En concluant, d'ailleurs, nous y reviendrons.

On le voit donc : les socialistes du jour peuvent se classer en deux groupes bien distincts, apportant à la solution du problème deux méthodes fort différentes : les uns prétendent entrer de plein pied dans la cité nouvelle et proposent de détruire immédiatement la société actuelle : ce sont les RÉVOLUTIONNAIRES ; les autres, au contraire, se bornent à poser devant eux, comme un idéal, comme leur objectif, la nouvelle organisation et, partant de l'état actuel, ils marchent vers cet objectif par des améliorations et des réformes successives ; ce sont les ÉVOLUTIONNISTES.

Quelle est chez nous la force relative de ces deux groupes?

Il n'est point facile de répondre à cette question. Le socialisme français est divisé, nous pourrions dire émietté, en une foule de sectes dont voici l'énumération peut-être incomplète :

Le secrétariat du travail comprend onze organisations, savoir : le parti ouvrier (guesdistes), le comité révolutionnaire central (blanquistes), la fédération des travailleurs (broussistes), le parti ouvrier socialiste révolutionnaire (allemanistes), les socialistes indépendans, la fédération nationale des syndicats et groupes corporatifs, la fédération de la métallurgie, la fédération du livre, la fédération des tabacs, la fédération des bourses du travail et la fédération des chemins de fer.

Donnons un aperçu des idées et aspirations de ces divers groupes :

Les blanquistes sont des révolutionnaires qui ne s'occupent que de politique et ont toujours négligé les questions sociales; ce qu'ils visent, c'est une insurrection. Depuis quelque temps, pourtant, ils donnent la main aux marxistes.

Les guesdistes, qui prennent leur nom de leur chef, sont des marxistes.

Les allemanistes et les broussistes, quoique en opposition entr'eux, forment ensemble la secte des *possibilistes*, adversaires des guesdistes, ceux-ci ne croyant qu'à la révolution sociale, tandis que les possibilistes acceptent l'évolution, par la voie des réformes.

Enfin signalons, à l'extrême de la série, les anarchistes, qui réclament toutes les libertés à la fois, sans aucune limite, combattant comme des entraves toutes les lois. Pour eux, les marxistes sont des « bourgeois »; de sorte

qu'on peut dire que les marxistes sont les
radicaux des possibilistes, et les anarchistes les
radicaux des marxistes.

A remarquer cette distinction qui a toujours
existé parmi les groupes ouvriers : les uns ne
faisant que de la politique, les autres ne s'occupant que de questions sociales. Avant 1867,
l'*Internationale* n'avait que deux corporations,
toutes deux politiques ; tandis que la Fédération, qui en possédait au moins quarante, ne
faisait que du socialisme.

Après la Commune, tout se disloqua ; mais,
dès 1872 les groupements recommencèrent
pour former des sociétés coopératives, et une
résolution fut prise qui aurait singulièrement
favorisé le mouvement coopératif, si rien n'était
venu l'entraver ; c'est que les fonds versés par
les sociétaires, au lieu d'aller aux grèves,
seraient employés à augmenter les sociétés
coopératives. Tous les groupements avaient
accepté, une centaine environ.

Mais, après l'amnistie, quand revinrent les
violents, ce mouvement fut arrêté. Dans les

réunions publiques, ils s'emparèrent de la parole et rendirent les délibérations impossibles ; les gens sages se dégoutèrent et ne reparurent plus : c'était ce qu'espéraient les violents qui restèrent ainsi maître du terrain.

Aujourd'hui, les neuf dixièmes des ouvriers, indifférents, restent sourds aux avances des meneurs ; une très faible partie seulement se laisse entraîner.

Quant au paysan, il reste jusqu'ici complètement en dehors du socialisme ; il en est de même des travailleurs (maçons, menuisiers, charrons, etc.), de nos villages. Il faut arriver aux petits centres industriels pour trouver des socialistes. Et ici une remarque importante à faire.

Les ouvriers de ces petits centres — et un bon nombre de ceux des villes, grandes et petites, se *disent* socialistes *parce qu'ils appartiennent à un syndicat.* Pour eux, *se syndiquer c'est devenir socialiste.* Ils n'y voient pas plus loin : cela est incontestable, ajoutez à cette catégorie la race moutonnière que l'on retrouve là comme partout et vous aurez je le repète, la grande, la très grande majorité des ouvriers.

Peut-on, je le demande, classer ces inconscients dans l'un des groupes que j'ai définis tout à l'heure, dans les révolutionnaires ou dans les évolutionnistes? Certainement non ; mais cela ne les empêche pas de se dire et de se croire socialistes, et les meneurs, surtout les chefs du parti révolutionnaire, ne manquent point de les revendiquer pour leurs soldats et de chercher ainsi à faire illusion sur leurs forces. Et, du reste, il faut y prendre garde, à tel moment donné, ces meneurs pourraient bien les entraîner. Ils ont plus de chance d'y réussir que les pacifiques, leur enrégimentation inconsciente est donc déjà un gros danger, sur lequel nous allons revenir. Constatons seulement, en ce moment, ce fait qui ne s'explique que trop facilement par l'ignorance de la population ouvrière, que sur la masse des travailleurs français, il n'y a qu'un nombre infime de socialistes qui savent à laquelle des deux écoles ils appartiennent, Paris en contient une certaine proportion, quelques grands centres industriels également. Marx y a ses fidèles ; mais l'évolutionisme y a aussi ses partisans. Hé bien ! le moment nous paraît venu d'examiner quelles destinées ces deux écoles nous préparent.

# CHAPITRE V

PÉRIL SOCIAL

Ce que les socialistes font des réformes. —
Longue période d'organisation de la société
nouvelle. — Préparatifs de guerre sociale.
— Devoir de se défendre.

Ces destinées paraissent fort différentes.
L'école qui entend procéder par la voie des réformes n'a rien d'effrayant, puisqu'elle relève
de la discussion. Pourvu que l'on apporte dans
les débats la conception intelligente des conditions nouvelles que le progrès impose à notre
état social, l'esprit de justice, avec sincérité
absolue et la volonté ferme de faire sortir l'ouvrier de sa situation précaire, on aboutira, on
devra aboutir sans encombre.

Mais, avec l'école allemande révolutionnaire, c'est tout autre chose. Il est impossible de se faire illusion sur ses intentions. Elle ne les cache point. N'ayant point la naïveté de compter sur la docilité du « bourgeois » à subir, par simple persuasion, le dépouillement qu'elle lui prépare, elle est parfaitement décidée à se débarasser du bourgeois. Son sang, comme dit M. Deville, sera une « rosée féconde. »

Voilà ce qu'on annonce. Et ce ne sont point paroles en l'air. Il y a — depuis longtemps — commencement d'exécution du plan général. On fait les approches.

Ainsi, règle générale : tout ce que les pouvoirs publics font pour l'ouvrier est tourné, par les révolutionnaires, en machines de guerre, en instruments propres à développer, à exalter la haine contre la « bourgeoisie, » à préparer la guerre des classes.

Nous avons vu M. Deville accepter l'instruction comme excellente pour enseigner le socialisme à l'ouvrier et faire de lui un « révolté; » se réjouir de la diminution de la durée de la journée de travail qui laissera plus de loisirs pour s'instruire en science sociale. Vous pouvez remarquer ce que les ouvriers font de la loi de 1884 sur les syndicats ; par leur fédération, qu'ils viennent de commencer tout récemment, grâce à une interprétation coupable de la légalité, ils sont en train de former l'armée révolutionnaire, qu'un de ces jours peut-être, des chefs inconnus, des internationalistes, lanceront sur la société. Et tout cela sous l'œil du gouvernement qui ne paraît ni voir l'illégalité,ni comprendre que ces syndicats une fois fédérés,formeront un État dans l'État; et quel État!

Vous voyez leur propagande, leurs conférences portées sur tous les points de la République, leurs écrits, leurs affiches, et leurs Assemblées délibérantes dans les Congrès.

L'armée les gêne : tant qu'ils ne seront point sûrs d'elle, ils ne tenteront pas de coup de force; mais, si peu qu'ils gagnent quelques régiments !... donc ils rôdent autour des casernes, les mains pleines d'écrits engageant le soldat à tourner ses armes contre ses chefs.

Le droit de coalition donné aux ouvriers pour défendre leurs intérêts professionnels, ils s'en servent pour provoquer la grève, sachant que, quelle qu'en soit l'issue, elle laisse toujours une alluvion de haine dans les âmes.

Le journal le *Siècle* publiait les lignes suivantes, le 11 février 1892 :

« En France comme à l'étranger, le socialisme s'organise et prend, peu à peu, ses formations de combat. Il n'est plus permis d'assister avec scepticisme à cette agitation qui ne saurait manquer d'aboutir à une conflagration plus ou moins prochaine, mais inévitable. Nous avons fait connaître les résultats du congrès des bourses du travail, tenu à Saint-Etienne. De ces congrès va sortir la fédération de tous les syndicats ouvriers sous une direction unique. On vise à encadrer la population laborieuse des villes dans une sorte d'armée qu'on s'efforce de discipliner; les chefs du socialisme pourront alors se servir de cette force pour influer sur les élections ou pour susciter des manifestations dans la rue. Sans doute la généralité des ouvriers n'est pas encore syndiquée, mais les partis révolutionnaires recrutent tous les jours du monde ; leurs bataillons se complètent. On comprend que plusieurs années seront nécessaires pour qu'une si vaste organisation soit achevée, mais ce délai sera promptement franchi. La propagande socialiste est incessante et infatigable et elle est d'autant plus efficace qu'elle s'adresse à des multitudes ignorantes et crédules. Il y aurait, peut-être, de la présomption à affirmer que les trois cent mille ouvriers de Paris, les deux cent mille ouvriers de Lyon, les innombrables travailleurs des bassins houillers et des régions industrielles ne seront pas, quelque jour, mis en mouvement par un mot d'ordre parti d'un obscur conciliabule. Déjà la revue annuelle du 1er mai montre ce que le socialisme peut commencer à entreprendre. Ces essais sont récents, ils sont nouveaux ; ils apparaissent comme les premières répétitions d'une pièce qui se développera plus tard avec ensemble. Mais même dans les démonstrations du 1er mai, il est aisé de constater un progrès

du fonctionnement de l'action révolutionnaire.
Lorsque cette manifestation s'est produite
pour la première fois, on y signalait une certaine gaucherie; il ne semblait pas que cet
effort dût être pris au sérieux. On est obligé
de convenir aujourd'hui que les revues du
1er mai ont une portée grave et une significa-
tion des plus claires.

« Le socialisme s'étend d'autant plus sûrement qu'il profite du libéralisme de nos lois.

« L'esprit révolutionnaire, qu'on se flattait
d'avoir détruit en 1871, a retrouvé une ardeur,
une activité, une puissance qu'il serait péril-
leux de méconnaître. Il faudra compter avec
la fédération des syndicats; c'est une force
qui se lève; une force aveugle, dangereuse,
mais sur laquelle le gouvernement et le Parlement sont tenus de veiller. »

Rappelons, enfin, que le but, recommandé
comme la préface, en quelque sorte, de l'action révolutionnaire, de l'attaque de la Société,
c'est la main mise sur le pouvoir exécutif, qui
s'opérera soit par un coup de force, soit par

une majorité des préparateurs de la guerre des classes, introduite pièce à pièce, dans le parlement.

Voilà donc la perspective peu rassurante que le socialisme allemand place aux regards de la génération actuelle. Oh ! je sais bien qu'il la présente comme une crise indispensable pour arriver à la terre promise. Et peut-être se trouverait-il des philanthropes courageux disposés à se dire : si ce n'est qu'une mauvaise heure à passer, subissons-la : l'avenir est si engageant ! Le bonheur définitif de l'humanité vaut bien cela !

Mais c'est que, malheureusement, les promoteurs de ce bouleversement ne garantissent nullement — et en cela ils sont prudents — qu'au lendemain du combat, la Cité Nouvelle sera créée. Marx lui-même dit ceci : « Le prolétariat victorieux ne pourra remplir sa mission historique (abolition des classes et organisation du travail) qu'en procédant à la socialisation des forces productives » (V. MALON p. 171).

Et M. Malon ajoute pour son propre compte, à un autre endroit (p. 201) : « L'erreur des anarchistes est de ~rétendre que, par la seule impulsion d'une révolution violente, nous jouirons *hic et nunc* de cette civilisation aux splendeurs morales et sociales inespérées. Sur ce point la propagande anarchiste ne prévaudra pas contre le socialisme des *partis ouvriers*, soutenant, avec raison, qu'après la révolution (si toutefois l'inévitable transformation doit sortir d'une révolution violente) *il faudra passer par une assez longue période éducative de justice économique et de collectivisme progressif.* »

L'aveu est précieux, très précieux sans aucun doute ; mais il était inutile. La nature des choses suffisait à démontrer qu'au lendemain du massacre les choses n'iraient point toutes seules.

Oui, la « période éducative » sera longue et j'imagine que la première éducation devra s'appliquer aux *éducateurs* ; car je les cherche autour de nous en ce moment — et certainement ils doivent s'y trouver. — Je les cherche et je ne parviens point à les découvrir.

J'aperçois bien quelques orateurs de réunions publiques, qui se donnent, à l'heure qu'il est, beaucoup de mouvement ; mais ils n'apportent guère que des notions négatives : « La société actuelle pêche par ceci et par cela », ou des conseils de révolte. Ils sont muets, et pour cause, sur les procédés du nouveau régime.

Ici, un souvenir : Fourier avait inventé le Phalanstère et décrit à merveille la façon dont on y vivrait ; ses disciples, dirigés alors par Victor Considérant, qui n'était certes pas sans talent, en donnèrent le plan, parfaitement étudié au point de vue de l'aménagement et au point de vue de l'art ; seulement, ils s'aperçurent que, pour l'habiter avec fruit et mettre en mouvement la Vie Nouvelle, il leur manquait... un personnel Phalanstérien ! ils se trouvèrent alors dans un cercle vicieux dont ils ne purent point sortir. Ne craignez-vous pas, demanderons-nous aux socialistes impatients, d'être exposés à quelque chose comme cela ?

On aimerait qu'ils rendissent clair à tous les yeux comment s'opérerait par exemple, cette répartition des produits du travail entre tous les ouvriers, frais prélevés bien entendu ; comment elle serait équitable, en tenant compte, comme de raison, de la force de travail, de son intensité, de l'habileté, bref du travail effectif de chacun ?

Comment la liberté de chacun de travailler ou de « jouir de la paresse », idéal de M. Paul Lafargue, assurerait certaines productions à l'époque et à l'heure nécessaires, les séances étant courtes et l'*attrail* devant toujours solliciter le travailleur ?

On voudrait être assuré que l'élection amènerait toujours au « Conseil » de la Commune des hommes purs, d'abord, et capables d'opérer cette distribution de tous les travaux nécessaires à une agglomération importante et qu'au bout de l'année, toutes les conditions nécessaires seraient remplies ? En d'autres termes on voudrait quelques garanties que « l'organisation du travail » serait accomplie et la « justice économique » satisfaite.

Notre doute provient de ce que nous, civilisés de l'époque bourgeoise, nous avons pris l'habitude de faire une grande part à l'initiative individuelle et que ce système, qui donne tant à l'Etat, nous déconcerte, sans compter que rien ne nous garantit la vertu des gouvernants.

Autre point de vue. Ne parlons pas de la dernière période, où le globe entier aura accepté le socialisme ; mais parlons de celle où les Etats de l'Europe l'auront adopté ; car vous n'admettez point qu'une nation toute seule, la France par exemple, inaugure isolément l'ère historique que vous annoncez. Vous reconnaissez qu'il ne faut point qu'une guerre puisse venir troubler le travail d'organisation ; de plus, nous l'avons vu, vous avez besoin de beaucoup d'argent et vous comptez sur celui que nous dépensons aujourd'hui pour le budget de la guerre. Mais alors, je ne vous comprends plus ; Comment ! Vous savez aussi bien que nous si nous sommes loin du jour où nous n'aurons plus à craindre de guerres ! vous connaissez aussi bien que nous l'état de l'Europe, et, nonobstant, vous préparez tout de façon à pouvoir, *à la première occasion,* ouvrir l'assaut contre la société ! Et le Congrès international de Bruxelles du 21 août 1891 vote la résolution suivante : » Le Congrès socialiste déclare que les socialistes de tous les pays répondront à la proclamation de guerre par un appel au peuple pour déﬂarer la grève générale. » La grève des soldats apparemment ? Et c'est à ce but que se rapportent les tentatives dont nous sommes témoins sur les casernes ? Et, comme c'est très probablement à la France que sera déclarée la première guerre, si elle éclate, c'est aux soldats français que l'on conseille de se refuser à défendre leur pays ?

Ici, le raisonnement doit se taire ; il n'y a plus qu'une déclaration catégorique à faire entendre au socialisme révolutionnaire : c'est que, *le jour,* prochain ou éloigné, *où il atta-*

*quera la société actuelle,* ELLE SE DÉFEN-
DRA.

La société actuelle, la société « bourgeoise »
comme vous l'appelez à tort, parce qu'elle est
une société véritablement démocratique, nous
l'avons dit : elle se défendra.

Et non pas seulement parce que tout être,
toute collectivité vivante a le droit de veiller
à sa conservation ; elle a un droit plus haut que
celui-là. Elle se défendra parce qu'elle est fondée sur la justice, parce qu'elle est, je le répète,
la fille de la révolution française, la plus haute
qui ait été jamais et qu'aucune autre société politique du monde entier n'égale. Où et quand a-
t-on vu une société fondée sur les droits de
l'homme, établissant l'égalité devant la loi,
devant les fonctions, devant les charges publiques ?

Comparez l'état dans lequel elle a trouvé la
France à ce que nous voyons aujourd'hui :
que sont devenues les friches qu'Arthur Young
parcourant nos provinces, rencontrait sur
tous les points de notre sol ? Une agriculture

intelligente les a remplacées. Nos pères, appelés à la fête de la Fédération du 14 juillet 1790, mettaient quinze et vingt jours pour se rendre à Paris ; nous y arrivons en vingt heures des points les plus éloignés de la France. Comparez la masse de richesses créées aujourd'hui à la production d'alors, et les acquisitions prodigieuses de la science moderne avec les connaissances de la fin du xviii<sup>e</sup> siècle. Et c'est cette « société bourgeoise » contre laquelle vous avez fait le serment d'Annibal, qui a fait tout cela !

Vous dites qu'elle a des défauts ; vous dites que la Révolution a laissé des souffrances derrière elle ? Ces souffrances, qui les nie ? Elles forment le lot qui reste confié à nos efforts et, en les faisant disparaître, nous continuerons son œuvre, nous ne la changerons pas.

Car tout ce que le socialisme contient de juste et de praticable peut, en effet, se réclamer d'elle ; c'est en développant les conséquences de la révolution que la société actuelle, *sa fille* encore une fois, réalisera les progrès que le socialisme contient au milieu de tant d'utopies et de tant de dangers. Si vous la détruisiez, insensés, savez-vous ce que vous feriez? vous anéantiriez le milieu même dans lequel les vraies réformes sociales peuvent germer et s'épanouir.

Car avez-vous donc démontré l'incompatibilité de ces réformes et de cette société? il semble pourtant qu'il le faudrait avant de la condamner. Et vous ne l'avez point fait.

Qu'avez-vous dit? Vous avez prétendu que, dans la production, l'ouvrier ne touchait point la part qui revenait à son travail. Pour certains cas, nous l'avons reconnu ; toutefois nous vous avons montré l'exagération contenue dans cette affirmation ; mais, même en abandonnant nos réserves, même en acceptant votre thèse dans ses termes absolus : « l'ouvrier n'est point récompensé équitablement dans son travail », quel problème y a-t-il là qui ne puisse se résoudre dans la société actuelle? Les lumières font-elles défaut? vous ne le soutiendrez pas. Qu'est-ce donc qui s'y oppose? Vous répondez :

c'est l'égoïsme. L'égoïsme de qui ? Vous répondez : l'égoïsme du producteur !...

Mais, à supposer que le producteur fût inaccessible aux réclamations de la justice, et de l'humanité, ce qui est faux, il y a autre chose, d'autres hommes que les producteurs en France, dont la voix généreuse saurait se faire entendre et parler haut.

Encore une fois, nous mettons les socialistes au défi de prouver que la société actuelle contienne quoi que ce soit qui empêche les réformes sociales, dignes de ce nom, de s'incarner dans les faits ; une foule d'éléments, au contraire, y disposent : le caractère généreux de la nation, le savoir, l'esprit de justice, si puissant chez nous. Croyez-vous que cela ne soit pas suffisant pour combattre un égoïsme, qui existe assurément chez quelques producteurs, mais qui, en fin de compte, n'existe pas chez tous, nous vous le montrerons dans ce même ouvrage.

Enfin — ce sera notre dernier argument — espérez-vous opérer plus à l'aise, au lendemain de votre bouleversement, quand vous aurez fait monter au sommet votre « quatrième État », ignorant et assoiffé — par vous — de représailles ?

———————

# CHAPITRE VI

## PROGRAMME ÉVOLUTIONNISTE

**Droit au travail et à l'assistance. — Programme socialiste. — Ce qu'on peut accepter.**

Mettons-nous en présence d'horizons moins sombres. Examinons maintenant les moyens que proposent les socialistes évolutionnistes : ceux qui souhaitent que les réformes, appelées par une situation nouvelle, s'opèrent pacifiquement et par des progrès successifs.

En passant en revue tous les moyens qu'ils proposent, nous aurons lieu de constater que plusieurs sont déjà en application et que, par conséquent, inconsciemment ou non, l'évolution a été commencée — ou pour parler plus exactement, que le progrès continue — et nous rappellerons, en tête de cette étude, la remarque si profonde de Proudhon : qu'en fait de réformes sociales, il importe moins d'atteindre immédiatement le but que de s'engager sûrement et définitivement dans la voie.

Pour bien nous rendre compte de la valeur des moyens présentés, mettons encore une fois sous les yeux du lecteur l'idéal social poursuivi :

Paix internationale définitive et fédération des peuples ;

Possession en commun de tous les capitaux ;

Organisation solidariste de la production et de la répartition des richesses ;

Universalisation du savoir et de la culture morale ;

Grand conseil amphictyonique planant sur les nations fédérées et dont nous avons donné les hautes attributions ;

Assurance générale contre les chômages, la maladie, l'infirmité, la vieillesse, etc.

Donnons maintenant, dans l'ordre où M. Malon les présente, quelques-uns des moyens d'acheminement qu'il propose, nous réservant de les compléter, pour éviter des redites, lorsque nous ferons connaître les mesures que nous acceptons :

« Reconnaissance du *droit au travail* pour les valides ; du *droit à la suffisante vie*, dans la mesure des ressources sociales, pour les invalides. »

Il y a ici à examiner une question de principes, une thèse de philosophie, dont il importe de laisser derrière soi la solution exacte, si l'on veut assurer sa marche et éviter des conséquences pratiques de la plus haute gravité.

Le *droit au travail* ne se présente pas en première ligne ; il est dominé par le *droit à l'existence*, dont il est en quelque sorte l'un des corollaires, l'un des deux moyens ; le second moyen est le *droit à l'assistance*, ou à la suffisante vie.

Le droit à l'existence !... Comment le nier ? Sur quoi fondé ? Je n'imagine pas qu'un individu ou qu'une collectivité quelconque puisse dire à un être humain : « Tu n'as pas le droit de vivre. »

Or, il n'y a que deux manières de vivre — au moins pour celui qui ne trouve aucune provision autour de son berceau, et ce n'est que de celui-là que nous nous occupons — gagner son pain par le travail ou être assisté.

Cette situation crée-t-elle pour le prolétaire le *droit au travail?* Je dis : le droit au travail *sans condition,* remarquez-le bien ; car M. Malon, qui en admet une pour l'assistance « dans la mesure des ressources sociales », n'en parle point pour le droit au travail, et cela est à noter.

L'auteur a dû sentir la difficulté qui nous arrête en ce moment : d'une part, il a dû se dire que, puisque le travail était l'un des deux moyens d'existence, le *droit,* reconnu à l'existence ne pouvait être refusé au moyen, le travail. Mais d'un autre côté, se souvenant de 1848, il ne lui a pas échappé que la reconnaissance du droit *sans conditions,* exposait la société à une impasse ; car le jour où le prolétaire serait armé de ce droit absolu, il pourrait venir réclamer du travail par tous les moyens, même par les armes, — l'impossibilité matérielle de lui en fournir ne serait même pas admise par lui : « Vous avez reconnu mon droit, j'entends qu'il soit obéi ; arrangez-vous ! » Tel est le langage qu'il pourrait faire entendre à l'Etat.

Comment sortir de là ? Il n'y a pas d'autre moyen que de changer de point de vue : au lieu de regarder du côté du prolétaire, il faut regarder du côté de la société et se dire :

A chaque droit correspond un devoir : au *droit* du prolétaire de trouver de l'ouvrage correspond le *devoir* de la société de lui en procurer ; *mais de lui en procurer dans la mesure de ce qu'elle peut, selon ses ressources.* Ici, la restriction arrive d'elle-même et il faudrait être trois fois absurde pour en contester la légitimité. Je ferai remarquer, d'une part, que l'ouvrier ne perd rien, que le résultat est pour lui le même. De l'autre, que proclamer le droit sans cette réserve, avant d'avoir créé une organisation permettant de parer à tous les chômages serait une impardonnable imprudence. Une société ne peut opérer dans un sens quelconque que dans la limite de ses facultés.

Voilà comment est évité tout danger de révolte de ce chef ; et ne dites point que le droit au travail, ainsi admis, devient un leurre ; car il crée pour la société le devoir *le plus impérieux* de s'appliquer à la recherche de tous les moyens de donner du travail aux ouvriers. Et quand je dis : « la société, » je n'entends point seulement l'Etat ; car l'Etat, en tant que gouvernement, dispose de peu de travaux. Il y a ici un devoir de solidarité de tous les membres du corps social qu'il faut s'habituer à comprendre.

Le même raisonnement, du reste, s'applique au devoir d'assistance, infiniment plus facile à réaliser, d'ailleurs.

Avec ces réserves, nous admettons ce premier moyen d'évolution : reconnaissance du droit au travail et à l'assistance dans la mesure des ressources de l'Etat.

« Législation nationale et *internationale* du travail. »

Cette dernière, la législation internationale, ne nous parait point près de se faire, si désirable qu'elle soit. Elle trouverait, d'ailleurs, dans la différence des climats et dans les habitudes des peuples des obstacles matériels. Nous nous garderons bien de conseiller à notre gouvernement de prendre l'initiative d'une invitation à faire sur ce sujet aux nations de l'Europe : nous craindrions qu'il y fût répondu par la proposition, fort différente, d'organiser une croisade internationale contre le socialisme.

Quant à une législation *nationale* du travail, c'est autre chose. Nous la souhaitons et nous ferons remarquer que l'on s'en occupe depuis longtemps. Toutefois, nous ne croyons pas que l'on puisse aller aussi vite que le réclame M. Malon.

Par exemple, la *journée de huit heures*, devenue comme le mot d'ordre actuel des ouvriers et, chez quelques uns, presque un cri de guerre, nous ne pourrons l'admettre tant que l'immense majorité des producteurs déclarera qu'elle entraînerait la mort de nos industries.

Il est certain qu'introduite *brutalement et chez nous seulement,* la journée de huit heures ferait courir les plus grands risques à nos usines.

Pourquoi ne pas se contenter pour le moment de la journée de onze heures, inscrite dans une loi soumise aux dernières délibérations du Parlement ? La tendance est accusée, laissez faire au temps !

« L'interdiction du travail des enfants trop jeunes » est prononcée par le même projet de loi ; le travail de nuit pour les femmes également.

« La suppression des monopoles (chemins de fer, mines, etc.) serait difficile dans la situation actuelle de nos finances. Il est regrettable que l'Etat ne se soit point réservé la propriété des premiers ; mais le mal est fait. La question de rachat est ajournée.

Nous reviendrons sur le « crédit affecté par l'Etat aux corporations agricoles industrielles.»

« La constitution d'un croissant domaine national et l'établissement de colonies. agricoles » nous paraissent devoir être renvoyées à l'époque socialiste fondée plutôt qu'à sa préparation.

« La facilitation de la culture en commun, » tentée dès aujourd'hui et qui paraît facile à quelques socialistes, sera, à notre sentiment, rarement acceptée par le paysan, beaucoup plus individualiste qu'on ne suppose : nous en reparlerons.

« La réfection des lois sur les sociétés financières et la règlementation sévère des jeux de bourse, » cela, nous le souhaitons sincèrement.

Quant à « la suppression de l'intérêt perpétuel, transformé en prime d'amortissement, » et aux autres réformes financières proposées, nous ferons remarquer qu'il en est une des plus importantes, qui a le très grand avantage de s'opérer d'elle-même, et sans aucune charge pour l'Etat : c'est la diminution progressive de l'intérêt de l'argent.

Voilà pour ce qui concerne les attributions de l'Etat.

Quant à celles, plus modestes, de la commune, voici ce que propose notre auteur.

Il agrandit, d'abord, la commune et demande pour elle un minimum de population de 5.000 âmes.

Ceci est une réminiscence du phalanstère, un peu modifié, de Fourier. Et nous ferons remarquer que cinq mille âmes, c'est peu pour le nombre et les institutions que l'on veut donner à la commune (domaine communal, travaux publics, communalisation progressive du service des logements, construction d'usines, transports, banque communale, approvisionnements, hôpitaux, écoles, magasins généraux, assistance publique, arbitrage communal, expositions artistiques, musées, théâtre, conférences ; cercles philosophique, littéraire, etc. (v. p. 446, 2ᵉ partie).

Nous avons, pour nos communes actuelles,

un programme plus modeste et que nous résumons en deux mots : autonomie et souveraineté dans les affaires d'un intérêt exclusivement communal.

# DEUXIÈME PARTIE

# PARTIE POSITIVE

# DEUXIÈME PARTIE

## PARTIE POSITIVE

La partie critique de cet ouvrage est terminée. Nous entrons maintenant dans la partie positive : nous avons à faire connaître les moyens par lesquels doit s'opérer l'évolution de la société actuelle vers un état meilleur, ou, pour parler plus modestement et plus justement, les réformes par lesquelles nous espérons donner satisfaction aux réclamations justes de la classe la moins favorisée. Nous n'ajoutons point foi à une transformation de fond en comble de la société présente, mais nous croyons très fermement à la possibilité d'une amélioration progressive. On appellera cela du socialisme ou de simples réformes politiques et économiques, à volonté. Nous ne recherchons ni ne fuyons le titre de socialiste. Par goût nous n'aimons point les mots mal définis, et un mot ne peut être bien défini quand il s'applique à tant de systèmes différents. Proudhon appelait le socialisme « le sobriquet de l'économie politique. » C'est, il me semble, la définition la plus juste qu'on en ait donné. M. Malon l'étend beaucoup plus, puisque, ainsi que je l'ai fait remarquer déjà, il fait du socialisme, en quelque sorte, la synthèse de tous les progrès humains, en philosophie, en morale, en science, en littérature, en histoire, en beaux-arts, etc. A ce compte, qui donc n'est pas socialiste dans notre pays ?

Toutefois, il nous paraît incontestable que la grosse affaire du socialisme, sa matière véritable, sinon unique, est celle des rapports de l'ouvrier et de l'entrepreneur dans l'acte de la production ; ou, si l'on veut, des rapports du travail et du capital. Et c'est de cette partie-là surtout que nous nous occuperons.

# CHAPITRE VII

## SOCIALISME D'ÉTAT

**On le pratique en le niant. — La femme. — Collectivisme et individualisme.**

Avant de faire connaître les moyens que nous proposerons, il est nécessaire d'exposer les principes qui nous serviront de guide.

Et d'abord, expliquons-nous sur la question du « socialisme d'Etat. » L'admettons-nous ? Le repoussons-nous ?

Nous avouerons très franchement que l'exclusion systématique, à priori, de l'intervention de l'Etat dans les réformes sociales, nous a toujours paru une précaution puérile, et, pour parler clair, un non-sens ; attendu que l'Etat n'est autre chose que le représentant de la société et qu'il existe une foule de questions qui ne peuvent se résoudre que dans la société et *par elle*. D'ailleurs, puisque nous avons reconnu que le principe de la liberté du travail ne peut suffire à l'ouvrier pour conquérir son indépendance, la nécessité de l'intervention de l'Etat devient au moins probable.

Et remarquez qu'il serait étrange qu'après avoir fait — et avec raison — pendant de longs siècles, du socialisme d'Etat en faveur de la *propriété*, on s'y refuse tout à coup quand il s'agit de favoriser le *travail*.

On proteste avec une très grande énergie contre le « socialisme d'Etat. » C'est fort bien ! On n'admet comme facteur de l'évolution sociale que la liberté ; c'est à merveille !

On répète avec grande raison : subventionner une entreprise particulière c'est imposer un sacrifice à tout le monde pour favoriser l'intérêt de quelques individus et cela n'est pas juste; on ne doit frapper tout le monde, que pour un service général, pour le service de tout le monde. Qui pourrait nier ces vérités élémentaires ?

Seulement, nous voudrions, qu'après les avoir proclamées si haut, on y fût fidèle, et qu'on ne les violât pas avec la désinvolture la plus dégagée, à l'occasion.

Proscrire solennellement le socialisme d'Etat quand on vient d'inaugurer le système protectionniste au degré où le portent nos nouveaux tarifs douaniers, on avouera que c'est bizarre ! Est-ce que la production n'influe pas de la façon la plus efficace (en bien ou en mal, n'importe) sur les conditions sociales de l'industrie, du commerce, de la production et de la consommation ? Est-ce qu'en favorisant cette production nationale — avec raison peut-être, je ne le nie point — vous ne faites pas payer au public la différence du coût du produit similaire étranger, et cette différence n'arrive-t-elle pas en prime au producteur français ?

Mais il y a bien autre chose ! et, pour ne pas multiplier inutilement des exemples que chacun peut signaler, tenons-nous-en au plus récent, au projet de retraites ouvrières proposé par le dernier ministre de l'intérieur : A-t-on jamais vu le socialisme d'État s'affirmer d'une façon plus magistrale que dans le système hardi de M. Constans? Vous me direz qu'il vise un intérêt général? Non pas. Il s'adresse, je le reconnais, à une classe nombreuse; mais il n'en prend pas moins à tout le monde pour donner à une fraction. Encore une fois je ne me prononce pas sur le système; ce n'est ni le lieu ni le moment; mais j'affirme que voilà du socialisme d'État, et j'en conclus que, tout en repoussant théoriquement le principe, on en fait lorsqu'on en a besoin.

La sagesse, par conséquent, conseillerait, ce nous semble, de l'éviter autant que possible; car il est incontestable que la liberté et l'autonomie valent infiniment mieux que la tutelle; mais de se garder prudemment de le proscrire, car il est telles circonstances où il est difficile de décider si l'intérêt engagé dans l'espèce est particulier ou général. Par exemple, si l'on opposait à M. Constans que son projet ne favorise qu'une catégorie de citoyens, il pourrait répondre que tout le monde a intérêt à ce qu'il y ait dans la nation le moins possible de désespérés, et c'est bien là un intérêt général.

L'histoire offre de nombreux exemples de socialisme d'Etat, qu'on appelait autrefois d'un nom moins prétentieux et que l'approbation unanime a sanctionnés. Quand il s'agit de fonder quelque chose, l'intervention de l'Etat est indispensable et, bien qu'alors l'Etat paraisse favoriser exclusivement des intérêts particuliers, il sert incontestablement l'intérêt général.

Nous devons dire un mot au sujet de la femme pour laquelle le socialisme réclame une parfaite égalité avec l'homme : égalité de respect, égalité d'instruction, égalité de salaire dans le travail, égalité de droits civiques. Nous avons, ici, des réserves très précises à faire.

L'égalité de respect, de considération, oh! celle-là, nous sommes heureux de la proclamer; nous y ajoutons même des égards dûs à la faiblesse de la femme, à sa nature dévouée.

L'egalité de salaire? A travail égal, oui. Mais il est des travaux que sa faiblesse relative et son organisation lui défendent d'entreprendre. Que son salaire soit toujours équitable : voilà ce qu'il faut exiger pour elle.

L'égalité d'instruction? Non pas. Sous ce rapport, la tendance actuelle va, tout à la fois, en opposition avec la nature de la femme et avec le but que cette nature lui assigne dans la société.

Et d'abord, l'instruction intégrale que l'on donne aujourd'hui, qui déjà ne s'obtient guère pour le jeune homme sans surmenage, en produira un bien plus considérable et bien plus funeste chez la jeune fille.

Voyez ce qui se passe dans ces établissements où l'on fait des doctoresses ès-sciences. Examinez, en physiologiste, ce personnel anémique, perdant ses formes..... Sont-ce bien des femmes encore? Seront-elles mères un jour? Croit-on que la race y gagnera?

Les médecins vous diront que, si les hom-

mes ont besoin de se développer à l'air libre
et par l'exercice, la nécessité est bien plus
grande pour les femmes.

Je comprends que ceux qui veulent pous-
ser à ce degré leur instruction réclament aussi
pour elles les droits civiques, tous les électo-
rats et toutes les éligibilités. Une fois pourvues
des grades universitaires, le moyen de leur
refuser des prérogatives qu'exercent les hommes les plus ignorants !

Mais, prenez-y garde ! si vous laissez la
femme envahir peu à peu les carrières et les
fonctions de ceux-ci, il est infiniment probable
que l'idéal qui l'attache aujourd'hui au foyer,
autour des berceaux, dans les devoirs et les
joies domestiques, sera singulièrement modifié,
qu'il viendra en concurrence à l'idéal de l'homme
et que l'épouse pourra bien disparaître sous la
savante, quand ce ne sera pas sous la pédante.
Lorsque le mari, fatigué du labeur de sa journée, rentre au logis, si au lieu des caresses
qu'il souhaite on lui offre la solution d'un problème de mathématiques, adieu le charme de

la maison! C'est par le cœur, ce n'est point par l'érudition, que la femme retient l'homme, après l'avoir séduit par sa beauté. Changez cela et de deux choses l'une : ou vous éloignerez celui-ci du mariage, ou vous préparerez de beaux succès à la loi dont M. Naquet a doté la France.

La première de ces alternatives ne touchera pas beaucoup les socialistes qui veulent les « unions libres » — quelques-uns vont même jusqu'à « l'amour libre » — mais ne nous occupons que des premières.

Les « unions libres », c'est-à-dire se prendre, se mettre ensemble d'un consentement mutuel, et, d'un consentement mutuel aussi, se quitter lorsqu'on ne s'aime plus : c'est le divorce sans conditions après l'union sans contrat.

Ce n'est point notre avis et nous pouvons abriter notre opinion sous l'autorité d'un nom que les socialistes invoquent souvent ; Proudhon a prononcé sur le mariage cette phrase qui semble sortie des écrits des Pères de

l'Eglise : « Le mariage est exclusif et saint »
et il le veut scellé d'un contrat et publique-
ment célébré.

Le mariage, dirons-nous, c'est la justice
dans les rapports de l'homme et de la femme.
Hors mariage, ces rapports, quelque attrait
mutel qui les inspire, manquent de justice
parce qu'ils manquent de garanties pour la
femme et l'enfant qui peut être le résultat de
ces rapports. Par conséquent, l'union exige un
contrat qui apporte ces garanties à l'un et à
l'autre. Quant au divorce, reconnu nécessaire
dans des cas graves, il doit être également prononcé par la loi.

Résumons-nous donc sur cette question de
la femme. Qu'au point de vue du droit civil,
on la mette sur le même pied que l'homme :
qu'elle puisse ester en justice, disposer de ses
biens et acquérir comme le mari; qu'on
lui accorde l'électorat et l'éligibilité consu-
laires; mais qu'on s'en tienne là quant aux
droits civiques.

Qu'on l'instruise de façon à lui donner une

connaissance superficielle de toutes choses ; mais surtout que son éducation physique, intellectuelle et morale, vise l'épouse, la mère, la matrone du foyer, où elle doit régner, et non la pédante à lunettes qui oubliera dans ses méditations philosophiques de commander le dîner de son mari.

Reconnaissons toutefois, pour rendre hommage à la vérité, que, dans les unions actuelles, on néglige trop l'attrait mutuel, au grand préjudice du bonheur des époux et de la moralité.

Il est un point de doctrine sur lequel nous devons nous expliquer nettement parce que nous nous trouvons en complète opposition avec les socialistes. Ils veulent la possession collective de la terre, des instruments de travail, de tous les capitaux en un mot ; nous, au contraire, nous entendons conserver l'appropriation individuelle, personnelle — bien entendu en ouvrant à tous l'accès de la propriété par le travail.

C'est ici, avant tout, une question de psychologie. Hé bien ! nous le demandons : quelle est, de la propriété individuelle ou de la propriété collective, celle qui répond le mieux aux aspirations naturelles de l'homme ? N'est-il pas incontestable que c'est la première, la possession personnelle ou du groupe familial, qu'elle crée en quelque sorte et maintient? Cette possession, je la sens, je la touche ; je n'en peux douter. Elle assure mon indépendance et me donne les moyens de me garder, de me protéger moi-même ; car, en fin de comptes, ma première sûreté vient de moi, avant celle que la société me procure.

Que vaut donc, à côté de cela, la propriété collective ? Elle me produit l'effet d'une pure abstraction. J'ai beau me dire : j'ai ma part de cette terre, de ces usines, etc., c'est à peine si je parviens à me le persuader. Sans doute, le produit exact de mon travail me sera fidèlement remis, c'est là le seul bon côté du système ; mais ce travail, bien que j'aie le droit de le choisir, est organisé par d'autres ; toute mon existence est prévue, enfermée dans des cadres arrêtés ; je sens partout la providence..... de l'Etat, et elle m'obsède.

L'objection est facile à prévoir : selon que l'on regarde le collectivisme du point de vue des possesseurs actuels ou du côté des prolétaires, la perspective change singulièrement. Que le propriétaire de nos jours préfère rester ce qu'il est, cela se conçoit à merveille et que, d'autre part, l'ouvrier, qui n'a rien, considère la propriété collective comme une amélioration très-réelle, ce n'est point douteux.

Mais laissons ces deux intérêts opposés et tenons-nous en, encore une fois, à la nature de l'homme : je dis que la tendance à la possession individuelle ou de famille est invincible dans le cœur humain ; car, si l'homme conçoit et accepte la solidarité, il est un petit domaine, un cercle si étroit soit-il — le cercle du charbonnier, si l'on veut — où il a besoin d'être souverain. Je dis que si vous enlevez ce stimulant, vous éteignez toute émulation, tout aiguillon pour le travail. Et j'ajoute que dans votre société communiste, puisque vous laissez à chacun la libre disposition du produit de son labeur, vous verrez renaître promptement cet invincible instinct de possession individuelle. - Cela, c'est une loi de nature, et elle tuera toujours vos sociétés collectivistes. . si elle ne les émpêche pas de naître.

Les collectivistes auraient dû comprendre qu'en voulant tout englober dans leur propriété communiste, ils ont dépassé la mesure. Qu'ils auraient peut-être dû se contenter de rendre à l'Etat les monopoles des transports et de certaines productions, à la Commune certains services; mais que vouloir aller au-delà et éteindre absolument la propriété individuelle, c'était s'attaquer à quelque chose de plus fort que les systèmes les mieux étudiés.

# CHAPITRE VIII

## LE PARTAGE DES PRODUITS DU TRAVAIL

### Les trois éléments de la production

Passons maintenant à la question du partage des produits du travail. Comment entendons-nous que ce partage doit se faire ?

La réponse ne nous paraît point douteuse : il faut que tous les éléments qui ont concouru à la production soient rémunérés proportion-nellement à la part qu'ils y ont prise.

Quels sont ces éléments ? Il n'y a qu'à se rendre compte de l'organisation d'une entre-prise industrielle pour les connaître.

C'est, d'abord, celui qui dispose de capitaux qui la fonde, en créant le local et l'outillage et en se procurant les matières premières ; puis vient le talent, le savoir technique qui l'établit et la dirige — capitaux et direction peuvent se rencontrer et se rencontrent le plus souvent réunis dans la même personne — et enfin la force de travail de l'ouvrier qui met l'usine en mouvement.

Donc trois éléments :, capital, talent et travail. Trois éléments à rémunérer sur le produit de l'entreprise. Telle est la règle reconnue depuis longtemps par les économistes et par beaucoup de socialistes.

Toutefois, parmi ceux-ci, il en est qui contestent les droits du capital ; d'autres les droits du talent.

Les premiers accorderaient bien peut-être au capitaliste une part représentant *l'amortissement* des sommes engagées dans la création de l'entreprise, puisqu'ils reconnaissent ce principe pour l'état socialiste ; mais quant à accorder un denier représentant *l'intérêt* du capital, non pas !

Il n'y a qu'une chose à leur répondre : c'est qu'en refusant un intérêt aux capitalistes, per-

sonne n'apportera son argent à l'industrie et
que les ouvriers, dès lors privés de travail,
n'en seront pas plus heureux. Nous n'insiste-
rons pas sur une considération aussi évidente.
Tout ce que l'on peut dire, c'est qu'il paraît
juste que le taux de cet intérêt doit être à peu
près égal au taux de l'argent et suivre son
mouvement progressif de baisse.

Quant à la part afférente au talent, Lassalle
ne la nie pas absolument, mais il la confond
avec la direction de l'entreprise et il fait observer que son chiffre est assez insignifiant au
regard du produit total (voir *capital et travail*,
p. 241). L'observation est fondée, mais ne
prouve pas que le talent ne doive point avoir
sa revendication légitime.

Donc, il est juste que ces trois éléments, capital, talent et travail, prennent leur part du
produit. C'est à régler cette part équitable que
consiste le problème, que les intéressés, seuls
ou aidés par un arbitrage, ont qualité pour
résoudre. Nous avons toutefois quelques observations préalables à présenter.

Avant le partage du produit net, il y a, pour chacun de ces éléments, une prélévation à opérer sur le produit brut. Commençons par l'ouvrier, cette fois : il touche son salaire au prix convenu (que nous supposons adéquat au « travail nécessaire » de Marx et correspondant aux nécessités d'entretien d'un ménage de quatre personnes) ; le directeur et les employés touchent leur traitement (part du talent et de la surveillance). Puis vient l'entrepreneur qui prélève et l'amortissement et l'intérêt de son capital. Ces prélévations opérées, ce qui reste constitue le bénéfice. Et il est d'usage de prélever encore, sur ce bénéfice, tant pour cent pour la réserve et tant pour cent pour l'assurance.

C'est le surplus du produit, après ces diverses prélévations, qui forme la partie disponible du bénéfice de l'entreprise sur lequel chacun des trois facteurs a à faire valoir ses droits.

Tels sont, selon nous, les principes qui doivent guider dans la répartition du produit de toute entreprise industrielle. Qu'ils soient appliqués et l'ouvrier n'aura plus à se plaindre d'être frustré dans la part qui lui revient. Ceci nous conduit à rechercher les moyens par lesquels ce résultat équitable et si désirable peut être obtenu. Ce sera l'objet des derniers chapitres de cet ouvrage.

# CHAPITRE IX



## PARTICIPATION AUX BÉNÉFICES

**Le point aigu de la question sociale. — Institutions de bienfaisance préparant la participation aux bénéfices.**

Nous entendons nous placer immédiatement en face du point aigu de la question sociale, de celui qui domine tout et sur lequel s'appuient les accusations du socialisme tout entier, depuis le plus modéré jusqu'au plus militant : nous allons examiner le dommage que l'on affirme être causé à l'ouvrier dans la distribution des produits du travail, par « l'inéquitable répartition ».

Si l'on veut couper le mal par la racine, si

l'on veut, enfin, mettre un terme à l'agitation qui trouble depuis longtemps la société, voilà le point sur lequel il faut diriger sa sollicitude : c'est là et ce n'est que là, S'attaquer, l'une après l'autre, à toutes les souffrances du prolétariat, comme le font les gouvernements : insalubrité du logis et de l'atelier, longueur exagérée de la journée de travail, enfants amenés trop jeunes à l'usine, affaiblissement des constitutions et détérioration de la race, accidents, etc., c'est assurément fort louable ; mais c'est s'en prendre à des maux secondaires et laisser en dehors la vraie cause.

C'est donc à celle qu'a signalée avec une si profonde et si impitoyable analyse le penseur allemand Karl Marx que nous nous attaquerons. Et cela nous paraît d'autant plus nécessaire que nous croyons apercevoir chez des personnes qui s'occupent aujourd'hui, avec un incontestable dévouement, des questions sociales, et particulièrement de la participation aux bénéfices, une application affectée à passer ce point de vue sous silence. Elles vont jusqu'à éviter de prononcer le nom de Marx, abstention de nature à arrêter peut-être leur succès auprès des ouvriers. Nous venons de lire un gros volume, écrit avec talent et une grande impartialité par un compatriote de ce révolutionnaire, livre paru plus de vingt ans après la publication du *Capital* ; le nom de Marx n'y est pas une seule fois prononcé. (La *Participation aux bénéfices*, par M. BOHMERT).

Certes, nous avons fait remarquer et nous répéterons que le mal n'est pas si général ni si profond que Marx le prétend ; mais il suffit qu'il existe dans une proportion quelconque, et surtout que le système actuel de production puisse l'engendrer, pour qu'il y ait un intérêt de premier ordre à le combattre. La discussion, d'ailleurs, montrera aux ouvriers de bonne foi dans quelle proportion on le rencontre, en effet ; ils verront les exagérations allemandes et se rendront mieux compte de la possibilité de le guérir sans le bouleversement social affirmé nécessaire par les sectaires.

Participation aux bénéfices : faire toucher à l'ouvrier, dans le bénéfice produit, la part qui *équitablement* lui revient, voilà le but à atteindre. Il n'y en a point d'autre. On peut trouver peut-être divers moyens d'y arriver ; mais il ne saurait y avoir d'autre but que celui-là.

Quels sont donc les moyens ? Ici, nous avons, d'abord, à faire connaître ce qui a été fait dans cette voie ; car la matière n'est pas entièrement neuve. Elle a été spontanément entamée par des industriels qui n'ont point tous les vices que l'école de Marx attribue si généreusement aux patrons. Nous avons le devoir de faire connaître ce qui a été tenté dans ce sens.

Il y a, d'abord, une manière indirecte, discrète et en quelque sorte à son insu, de faire participer l'ouvrier aux bénéfices, qu'emploient certains chefs d'industrie philanthropes : c'est de créer pour lui et sa famille des institutions de bienfaisance : écoles gratuites, logements à bon marché, sociétés de secours et de retraites, etc. Toutes ces créations, coûteuses pour le patron, sont bien certainement prises sur les bénéfices de l'usine, il y a donc là, pour l'ouvrier, une participation ; mais ce n'est pas celle que nous demandons et qu'il faut, en effet, poursuivre. Elle appartient tout entière à la catégorie de la bienfaisance et, par conséquent, participe encore de l'aumône. L'ouvrier ne veut pas de cela et il a raison de n'en pas vouloir. Il se place au point de vue du droit ; c'est sa dignité qui le pousse et il faut l'encourager dans cette voie. Il faut l'aider, non le porter.

« Aider quelqu'un à améliorer sa situation par ses propres efforts, dit feu Cameron, l'un des hommes qui ont appliqué avec succès la participation en Amérique, c'est faire un homme.

« Soutenir quelqu'un sans le concours de s s propres efforts, c'est en faire un mendiant (1). »

Toutefois, il faut reconnaître que, si la création des institutions de bienfaisance au profit de l'ouvrier n'est pas encore la participation telle que l'on doit la vouloir, c'est-à-dire recon-

_____

(1) *La participation aux bénéfices*, par Bohmert, p. 694.

nuc légitime et consacrée par un contrat, elle l'a préparée ; car il est impossible que l'homme de cœur qui organise tous ces moyens de bien-être relatifs pour l'ouvrier, ne reconnaisse pas, au fond de sa conscience, en les créant, qu'il fait, non seulement une bonne chose, mais une chose juste, et le voilà sur le chemin de la justice, qui conduit tout droit à la répartition équitable des produits de l'industrie entre ses trois facteurs.

Il nous parait donc aussi juste qu'instructif de donner un aperçu des institutions prépai atoires qui ont précédé la participation et qui, d'ailleurs, l'ont constamment accompagnée : c'est un hommage mérité à rendre à ces initiateurs.

Dans la fabrique de produits chimiques de Thann (Alsace) fondée par M. Charles Kestner et dont son gendre, M. Scheurer-Kestner, notre éminent collègue au Sénat, est aujourd'hui co-propriétaire, fabrique qui occupe 360 à 380 ouvriers, on trouve, en outre de la participation aux bénéfices et des primes :

1° Des pensions viagères pour les hommes et leurs veuves (1) ;

2° Un secours spécial pour ces dernières ;

3° Faculté pour les ouvriers de déposer leurs épargnes dans la caisse de l'établissement, où elles s'accroissent d'un intérêt de 5 0/0.

4° Caisse de secours alimentée par une cotisation des ouvriers, femmes et enfants et une cotisation de la maison ;

5° Soins médicaux et pharmaceutiques gratuits ;

6° En cas d'un accident de fabrique, intégralité de son salaire versée au blessé ;

7° Prêts non productifs d'intérêts, jusqu'à concurrence de 1.000 fr., faits aux ouvriers pour leur faciliter l'acquisition d'une propriété immobilière ;

8° « Quant aux intérêts moraux et économiques, écrit M. Scheurer-Kestner, ils ont été améliorés par une grande sévérité de notre part, qui exclut de la maison tout ivrogne ; par

(1) Bohmert, p. 374.

la participation à la fondation d'écoles, par une guerre acharnée à la misère, source de la démoralisation, au moyen de prêts sans intérêt, quelquefois de secours, accordés chaque fois qu'un ouvrier, ayant fait lui-même quelque économie, désirait devenir propriétaire. Nous avons stimulé l'amour de la propriété chez nos ouvriers; cela nous a paru et nous paraît encore être le meilleur remède contre bien des maux. »

Combien M. Scheurer-Kestner a raison ! Le véritable idéal économique de tout prolétaire, ce n'est pas, nous l'avons dit, la propriété *collective*, mais bien la propriété *individuelle*. — Dans une note que M. Scheurer-Kestner veut bien nous remettre, nous lisons : « D'après un relevé récent (1888), plus de la moitié des ouvriers sont aujourd'hui propriétaires de leurs maisons. »

Dans la *Fonderie d'Ilsède* (Prusse) (*ouv. cité* p. 334), nous trouvons en outre de la participation aux bénéfices :

1° Une caisse pour les *ouvriers* ; 2° une

caisse pour les veuves et les orphelins des *employés* ; 3° une caisse pour les veuves et les orphelins des *surveillants* ; 4° une caisse d'épargne ; 5° des habitations ouvrières ; 6° une école ; 7° une bibliothèque.

Le *Familistère de Guise (ouv. cit.* p. 600) résume, on peut le dire, toutes les institutions de bienfaisance connues ; mais c'est surtout l'enfance qu'elles paraissent viser avec le plus de sollicitude, l'enfance et la vieillesse, les deux périodes de la vie où la faiblesse humaine a le plus besoin de soutien.

Assurances mutuelles pour les malades, les blessés, les invalides du travail, les besoins des familles, divisées en deux catégories : l'*Assurance des pensions et du nécessaire à la subsistance* et l'*Assurance mutuelle contre la maladie*.

Par cette dernière, toute personne, attachée par d'anciens services à l'établissement, qui devient incapable de continuer son travail, reçoit une pension. Et c'est ainsi que le directeur, l'honorable M. Godin a pu dire, en juin

1883, aux membres de la Commission d'enquête extra-parlementaire des associations ouvrières : « Si vous veniez au Familistère, vous y verriez de vieux pensionnaires se promener, jouissant d'une sécurité parfaite, assurés contre la misère jusqu'à leur dernier jour. »

Voilà pour la vieilliesse. Voyons pour les enfants.

Le Familistère a créé pour leur éducation et leur instruction :

1° La *Nourricerie*, qui assiste la mère jusqu'à l'âge de 2 ans pour l'enfant ;

2° Le *Pouponnat*, enfants de 2 à 4 ans — soins nécessaires et amusements ;

3° Le *Bambinat :* écoles maternelles (deux classes) premier enseignement, exercices instructifs et récréatifs pour les enfants de 4 à 6 ans ;

4° Six *classes d'école*, de 6 à 14 ans : bon enseignement primaire ;

5° Cours supérieurs destinés à développer les aptitudes des enfants exceptionnellement doués ;

6º Attention scrupuleuse à la culture morale.

Tout cela aux frais de l'administration.

Si ce n'est point là un moyen de « faire des hommes, » comme dit l'Américain Cameron, et si « le socialisme » le condamne, c'est à ne plus s'entendre.

Terminons cette revue, que nous pourrions allonger indéfiniment, par un aperçu des soins donnés, dans une autre maison, à un âge un peu plus avancé, à des apprentis.

Voici ce que fait pour eux l'*Imprimerie Chaix*, de Paris, aussi remarquable par sa généreuse organisation que par ses œuvres. Elle a fondé (*ouv. cité* p. 488) :

1º Un enseignement primaire et professionnel ;

2º Une caisse de retraite, assurant une rente de 400 fr. à l'âge de cinquante-cinq ans ;

3º Une caisse d'épargne pour les compositeurs dans laquelle est versé, sous le nom de Capital de réserve, le quart des gratifications allouées à ces apprentis, ainsi qu'une part des bénéfices réalisés sur leurs travaux. De sorte qu'à la fin de leur apprentissage, les apprentis se trouvent possesseurs d'un petit capital de 500 à 600 francs ;

4° Pour leur bonne conduite en classe, les élèves reçoivent des jetons de présence d'une valeur de 10 centimes, dont le total, au bout de l'année, forme une somme de 20 à 30 francs ;

5° Une caisse contre les accidents ;

6° M. Chaix verse annuellement à la caisse des Dépôts et Consignations une somme de 6 fr. 75 c. au nom de chaque apprenti âgé de plus de 16 ans, afin de l'assurer pour un capital de 500 francs qui reviendrait à ses parents en cas de décès ;

Enfin 7°, depuis 1875, une caisse d'épargne *scolaire*, qui reçoit les petites économies des apprentis et les épargnes plus fortes des anciens apprentis devenus ouvriers ou employés. Ces dépôts sont versés à la caisse d'épargne de Paris.

# CHAPITRE X



**La participation aux bénéfices. — Obstacles**

Abordons maintenant la question de la participation par un coup d'œil sur les essais qui ont été faits en France ou à l'Etranger. C'est la France qui a eu l'honneur de l'initiative de la participation par la maison Leclaire, qui existe encore sous la direction de M. Redouly et $C^{ie}$. Fondée en 1826, la participation aux bénéfices y fut organisée en 1842.

En 1848, un essai de participation fut fait en Allemagne par M. de Thuner, grand économiste, dans le Mecklembourg.

La Suisse, à partir de 1868, en fournit de nombreux exemples.

L'Italie, en fait de participation, n'a guère dépassé le métayage.

La Suisse a largement appliqué le système des primes, mais s'en est à peu près tenue là.

La participation était inconnue en Russie à l'époque (1888) où fut publié le livre de M. Bohmert qui nous fournit ces détails.

Ce n'est qu'à partir de 1860 que l'Angleterre a appliqué la participation à l'industrie, où elle ne s'était guère développée à cause des obstacles qu'y ont apporté les *Trades Unions*; mais tout récemment, au contraire, un mouvement coopératif très accentué s'y est développé.

Enfin, en Améque, les premiers essais datent de 1869 et s'appliquaient surtout à l'agriculture. Ces derniers temps, l'Etat du Massachussets a vu se créer aussi un mouvement analogue à celui de l'Angleterre.

Il ne faut pas croire que la participation se soit introduite sans difficultés. Elle a trouvé

sur son chemin des obstacles de diverses na-
tures.

Il n'en est point qui nous paraisse aujour-
d'hui plus surprenant que celui que rencontra
Leclaire de la part du gouvernement de Juillet,
très libéral cependant. Nous lisons dans l'ouvrage de M. Bohmert, page 29 : « En 1842 et
1843, M. Leclaire fut entravé dans ses efforts
humanitaires par des difficultés administra-
tives. Il ne put obtenir du préfet de police l'autorisation de réunir son personnel pour s'en-
tretenir de la participation aux bénéfices. Le
rapport dressé à cette occasion à la Préfecture
sous le ministère Duchatel, déclare d'abord,
en marge, qu' « il y a danger pour les classes
« ouvrières et abus d'autoriser les réunions des
« ouvriers du sieur Leclaire, pour s'entendre
« sur le partage des bénéfices. »

« Malgré cette interdiction, dit le rapport,
« le sieur Leclaire n'en a pas moins réparti
« dans l'année 1842, entre quarante quatre de
« ses ouvriers une somme de 11.886 francs,
« produit des bénéfices de son travail. C'est

« ce genre de travail en participation qu'il
« veut renouveler cette année et il sollicite
« l'autorisation de réunir, quatre ou cinq fois
« dans l'année, ses ouvriers au-delà du nom-
« bre de vingt... *C'est là une question de règle-*
« *ment de salaires d'ouvriers qui ne nous pa-*
« *raît pas devoir être encouragée, et qui est*
« *même défendue par les lois; l'ouvrier doit*
« *rester entièrement libre de fixer son salaire*
« *et il ne doit pas pactiser avec le maître...* »
Et l'autorisation fut refusée.

En vérité, ceux qui prétendent que nous
manquons de liberté aujourd'hui voudront
bien reconnaître que quelques pas ont été faits
depuis le règne de Louis-Philippe, réputé si
libéral !

Voici un obstacle d'un autre ordre, d'une
nature plus moderne, mais qui ne vaut guère
mieux que celui qui émane d'un gouvernement. Nous voulons parler de l'opposition,
sourde ou déclarée, mais toujours ardente,
que les *trades unions* ont opposée, en Angleterre, à toutes les tentatives de participation,

M. Briggs dont elles ont ruiné l'exploitation minière de Witwood, si pleine de promêsses pour l'émancipation du prolétariat, s'exprime ainsi sur leur compte : « Les *trades unions* sont aussi préjudiciables au monde industriel que les armées permanentes le sont au monde politique. » Certes, ces institutions de secours rendent de grands services; mais leur prétention irréductible de rester maîtresses absolues du taux des salaires tue la participation dans son germe. C'est pour cela, qu'en France, nous ne devons pas avoir pour elles une admiration sans limites. Du reste, chez nous, certains comités et certains meneurs des réunions publiques jouent le même rôle.

Mais ce ne sont pas les obstacles en quelques sorte extérieurs à l'ouvrier qui entravent le succès de la participation, ce sont ceux qu'il porte en lui-même — que je ne juge pas en ce moment, que simplement je constate. Je reviendrai plus tard sur son état intellectuel et moral. — Oui, ce qui arrête les progrès de cette institution de l'avenir c'est la méfiance de l'ouvrier, méfiance qui met l'antagonisme là où l'entente serait indispensable. Les faits sont là et je n'ai que l'embarras du choix.

Voici dans quels termes M. Goffinon, qui a fondé la maison de plomberie Barbas, Tassart et Balas, de Paris, fait part à la commission extra-parlementaire de son expérience si autorisée. Bien que la participation ait eu chez lui de bons résultats, il confesse qu'il n'a pas encore obtenu ceux qu'il attend, et il ajoute : « je ne m'en étonne pas. Le progrès ne marche pas vite. Avant de s'affirmer par des résultats importants, il faut, tout d'abord, qu'il triomphe d'obstacles nombreux. Le premier de tous est assurément la méfiance. Les ouvriers se refusent, c'est leur premier sentiment, à croire à la participation. Pourquoi le patron apporterait-il de lui-même une augmentation de rémunération ? Cette prétendue faveur cache un piège ou un intérêt dissimulé. En second lieu, quand ils ont fini par croire à la sincérité du patron, ils ne veulent pas croire à la durée de l'association proposée du, capital et du travail ; c'est une tentative passagère, pensent-ils, et, dans tous les cas, si elle dure autant que le patron, elle prendra fin le jour où il vendra sa maison. Enfin, beaucoup d'ouvriers, si profondément habitués à l'instabilité, doutent d'arriver jamais au temps de service exigé par les statuts pour entrer en jouissance de leur part d'épargne ; dès lors, à quoi bon s'attacher à une institution dont on ne recueillera pas les bénéfices ? Certes, chez nous, ces difficultés se sont peu à peu dissipées » (*ouv. cit.* p. 583).

Voilà donc un exemple où les obstacles provenant du caractère des ouvriers ont été vaincus par les efforts soutenus du patron ; mais plus d'une entreprise a échoué sous l'action des mêmes causes. Ainsi la maison de *Blanchiment* de Schaeffer, Lalance et C^{ie}, de Mulhouse (*ouv. cit.*), après essai de participation, a renoncé.

La fabrique de *plaques de fer* Fox, Head et C^{ie} (Angleterre) a fait de même (p. 350).

Une autre cause d'échec pour la participation, l'une assurément des plus puissantes, c'est la grève.

M. Piat, de la maison Piat, à Paris. — Ateliers de construction et fonderie de fer, donne à la Commission de 1883 l'explication suivante d'une interruption de la participation dans son usine :

« L'année dernière, la fonderie a eu sa crise ouvrière : mes fondeurs ont fait deux mois de grève... Il faut dire, à leur décharge... qu'ils ont eu peur de leurs camarades qui étaient très violents. La preuve qu'ils n'étaient point de ces grévistes déterminés et mal intentionnés que l'on trouve dans toutes les crises industrielles, c'est qu'ils étaient apostrophés dans toutes les réunions et considérés comme de faux frères; c'est aussi qu'ils furent les premiers à rentrer sans conditions et que leur exemple entraîna tous les autres ouvriers fondeurs. »

Cet exemple est intéressant parce qu'il montre bien la puissance d'entraînement des grèves : les ouvriers de M. Piat n'avaient aucune envie de suspendre leur travail ; ils se trouvaient bien chez leur patron ; ils appréciaient son dévoûment à leurs intérêts, et pourtant, moitié par intimidation, moitié par sentiment d'une solidarité d'ailleurs assez obscure, ils cèdent.

Mais voici qui est plus concluant.

A New-York, la *carrosserie* Brewster et C$^{ie}$ appliquait avec succès la participation. « Pendant deux années le système adopté donna entière satisfaction à tous et exerça notamment sur le travail du personnel un excellent stimulant. Sa fin peut être considérée comme le résultat le plus étrange de l'excitation et de la contagion. Par la constitution de leur association, il était loisible aux ouvriers, d'accord avec le bureau des directeurs, de faire huit heures de travail seulement par jour. Or, c'était précisément ce que poursuivait la grève générale à laquelle ils prirent part. Le tumulte populaire avait dû littéralement les affoler ; car ils abandonnèrent un dividende de 11.000

dollars, réalisable un mois plus tard et perdirent 8.000 dollars de salaires. Deux semaines après, ils reprenaient leur travail, mais, cette fois, avec l'ancien système du salaire simple. » (p. 698).

Les patrons aussi ont leur part de responsabilité dans les lenteurs que subit la participation. M. Ch. Robert signale avec raison, leur inertie, leur mauvaise comptabilité, la crainte de livrer leurs secrets (*Rapport*).

Terminons ces réflexions sur les obstacles que la participation rencontre par l'exposé de l'opinion d'un philosophe éminent, Herber Spencer, qui, comme on va le voir, fait aussi la part des patrons :

« Les ouvriers, dit-il, (p. 358) ne possèdent pas à un degré assez élevé l'esprit d'épargne, l'intelligence et l'instruction que demande l'extention de ce régime... »

« Aux yeux des patrons, la conduite des ouvriers, dans les luttes actuelles, est blâmable. Il suffit qu'une grève occasionne des désagréments pour qu'elle soit considérée par les patrons comme un acte d'injustice. Pour eux, il y a quelque chose d'intolérable dans cet esprit d'indépendance qui pousse les ouvriers à refuser du travail lorsqu'on ne leur accorde pas une augmentation de salaire ou une diminution de peine. Le peu d'égard que le grand nombre manifeste pour le bien-être du plus petit nombre leur paraît être un fait d'une iniquité révoltante. En envisageant la question au point de vue moral, il faut reconnaître, cependant, que jamais il n'a existé un droit quelconque autorisant une fraction de l'humanité à mettre sous sa dépendance le plus grand nombre autrement que pour développer son bien-être. Aujourd'hui, l'amélioration du sort du plus grand nombre serait même la seule justification de l'existence de classes subordonnées. La manière de voir actuelle, en ce qui concerne cette question, est donc destinée à se modifier complètement. La vieille théorie de la direction industrielle et sociale comporte une transformation semblable à celle qui, dans l'ordre politique, a fait du chef du pouvoir le serviteur du pays et non plus le propriétaire

de la nation. Les classes dirigeantes arrive-
ront donc à comprendre que, tout en poursui-
vant légitimement leurs intérêts, elles doivent
les subordonner aux intérêts des masses dont
elles dirigent le travail.

« Les préventions qui empêchent les patrons de se faire une idée précise de cette
situation s'opposent également à ce qu'ils se
rendent compte de cette vérité qu'une domination de la puissance des classes et un affaiblissement des éléments de séparation sociale
peuvent être accompagnées de progrès favorables non seulement aux classes dirigées,
mais encore aux catégories dirigeantes. »

# CHAPITRE XI



**Libéralité ou droit. — Quelques exemples de participation. — Examen de la comptabilité.**

Les exemples de l'application de la participation aux bénéfices que nous allons donner, disons-le tout de suite, ne présentent point la participation à l'état parfait; dans tous il y a quelque chose à reprendre au point de vue de l'idéal qu'on doit se faire de ce nouveau régime industriel; mais comme moyen préparatoire, comme acheminement précieux et même nécessaire, comme indication de ce qu'il y a à rejeter et aussi de ce qu'il y a à conserver, ces essais ont une valeur incontestable.

Ce qui nous a particulièrement frappé c'est que, dans tous les établissements où la participation a été introduite, elle a été présentée comme un don généreux ; comme une *libéralité* du patron ; jamais comme un *droit* de l'ouvrier.

Je ne veux pas dire par là qu'un sentiment plus ou moins obscur de ce droit n'ait existé dans certaines âmes ; ainsi, il transpire chez Leclaire, chez M. Chaix, chez M. Laroche-Joubert et chez d'autres ; mais aucun patron n'a dit : Je vais essayer de donner satisfaction au droit de l'ouvrier. Quant à découvrir une usine où l'on ait livré tout le bénéfice à l'ouvrier, comme le veut Karl Marx, on s'y appliquerait en vain, soit en Europe, soit en Amérique : cela démontre le mal fondé de la prétention.

Ainsi, M. de Courcy, de la *Compagnie d'assurances générales* de Paris, M. de Courcy, dont personne ne contestera les talents ni la générosité, s'exprime ainsi (*ouv. cit.* p. 127) : « Cet abandon (d'une part des bénéfices) de-

vra évidemment être fait à titre de *libéralité*. »

La maison Mozet et Delalande, entreprise
de *maçonnerie*, à Paris, dit à son tour (*ouv. cit.*
p. 648) : « La participation aux bénéfices est
une *libéralité* volontairement offerte aux employés et ouvriers. »

Et voici la sanction très catégorique de cette
opinion : « Aussi MM. Mozet et Delalande ne
reconnaissent à personne le droit de critiquer
leur gestion, ceux qui ne l'approuveront pas
étant libres de se retirer ou de ne pas travailler pour eux. »

Enfin, pour ne pas multiplier inutilement
ces citations, terminons par ces deux dernières qui n'arrivent pas tout à fait à la reconnaissance du droit, mais qui s'en rapprochent.

M. Fawceth, professeur d'économie politique,
à l'université de Cambridge, écrit ces deux
lignes (p. 49) : « Le salaire ne doit pas constituer l'unique rétribution des ouvriers; il est
nécessaire de leur allouer, en outre, une part
des bénéfices. »

Et M. Morgenstern, directeur d'une fabrique de *feuilles d'étain*, en Bavière, inscrit dans ses statuts : « 3° Il est équitable d'attribuer aux travailleurs d'une entreprise, indépendamment des salaires et des traitements réglés suivant les prix d'usage, une part proportionnelle des bénéfices. » (p. 379).

Or, il est indispensable de remarquer que, sur cette question de libéralité ou de droit, tandis que beaucoup de patrons se placent au point de vue de la première, les ouvriers ne veulent entendre parler que du second : ils sont intraitables sur la question du droit. De là un différend qui, bien que théorique, peut amener de graves conflits et qu'il faut absolument trancher.

Voici pour nous la solution.

Le droit, *en lui-même*, ne nous paraît point contestable : Puisque le travail est un des trois éléments qui concourent à la production, s'il y a bénéfice pur, il doit en toucher sa part. Mais cela veut-il dire que, d'ores et déjà, dans toutes les usines existantes, l'ouvrier soit autorisé à réclamer une part des bénéfices?

Telle est la question et voici les deux réponses que j'y fais :

Premièrement, nul n'a le droit de réclamer une clause en dehors des termes de son contrat.

Donc, dans tous les établissements industriels où le contract de louage ne parle que du salaire, l'ouvrier n'a aucun droit de réclamer une part des bénéfices, et si cette part lui est affectée, c'est pure *libéralité* du patron. Tel est le cas qui s'est généralement présenté jusqu'ici et l'on n'a rien à y reprendre.

Secondement, si le contrat de louage admet la clause du partage des bénéfices, nul doute que ce soit un droit qu'il reconnaît à l'ouvrier.

Mais maintenant, la question de droit pur vidée, se présente celle de l'intérêt de l'ouvrier : armé de ce droit reconnu, l'ouvrier, entrant dans une usine — ou rentrant dans la sienne — aura-t-il intérêt à demander l'inscription dans le contrat de louage de la clause de la participation ?

Nous ferons ici une réponse analogue à celle que nous avons présentée dans la question du droit au travail.

La société, avons-nous dit, doit fournir du travail à qui en manque *dans la mesure de ses ressources*. Hé bien! nous disons ici: l'industrie doit favoriser la participation dans la mesure où elle le pourra.

Il faut considérer, en effet, que c'est là, pour elle, une modification considérable, une réforme immense à laquelle il faut lui laisser le temps de se préparer. Vouloir la lui imposer d'emblée serait le moyen d'arrêter plusieurs usines.

Que tout le monde y pousse: patrons, ouvriers, gouvernements, publicistes; mais qu'on se garde bien de compromettre un moyen de salut par des exigences injustifiables et une hâte imprudente.

Il y a là, pour les industriels, une éducation à faire et un bilan exact à établir en y comprenant et les œuvres de bienfaisance et même le taux du salaire, qui, par son élévation, pourrait quelquefois constituer une participation inaperçue.

Relevons maintenant quelques exemples de participation et procédons par ordre en commençant par les moins probants :

MM. Müller, *fabricants de machines* en Westphalie (p. 211), accordent, *à un certain nombre d'ouvriers, selon leur appréciation* un tantième des bénéfices, en leur reconnaissant des *parts fictives* du capital de l'établissement.

Ceci relève du système des gratifications plutôt que de la participation.

Maison Schæffer, Lalance et C^{ie} (*blanchisserie, teinture, etc.*) en Alsace (p. 417).

1.000 ouvriers. Contre-maîtres et ouvriers de 1^{re} classe seuls admis à la participation; trois années consécutives de travail dans la maison sont nécessaires; bonne conduite, zèle et application.

En 1874-1875, 112 ouvriers furent participants; en 1875-1876, 151.

Fabrique d'*allumettes et de cirage* M. Schætte (Suisse).

Bases de la participation : « Après déduction des frais de toute nature, des fonds destinés à la réserve et au service de l'amortissement, les bénéfices sont partagés, par *portions égales, entre le chef de la maison et le personnel.* »

Nous allons présenter un cas qui démontre que, malgré l'arbitraire apparent — et peut-être forcé — qui décide du quantum de la participation, on peut obtenir d'excellents résultats.

Maison Pernod fils, *Distillerie d'absinthe* à Pontarlier (p. 617.)

La sympathie pour l'ouvrier est traditionnelle dans cette établissement.

« Le *quantum de la participation est indéterminé.* M. Pernod fixe chaque année l'importance de l'allocation *qu'il juge convenable* de faire au fond de prévoyance. La répartition du quantum a lieu entre les employés et les ouvriers présents dans la maison *depuis un an au moins.* Chaque part est inscrite au compte individuel de chacun et se grossit annuellement d'un intérêt de 4 0/0.

« Nous avons sous les yeux (décembre

(1886) le relevé du livret d'un ouvrier qui participe aux bénéfices depuis 1871, et dont les parties accumulées et les intérêts formaient un total de 6.972 fr. 80 c. »

Devant de pareils résultats, il n'est point permis de nier les avantages de la participation, même appliquée dans des conditions encore imparfaites.

Le quantum du bénéfice attribué au personnel (employés et ouvriers) est très variable et dépend, on le conçoit, du degré d'importance relative de l'élément *travail* dans la production; très élevé dans les mines de Witwood, où les MM. Brigs donnaient la moitié des bénéfices aux ouvriers, il descend à 5 0/0 dans d'autres établissements; mais le plus souvent il est porté à 10 0/0. Dans la maison Laroche Joubert, il est de 16 0/0.

La base de la rétribution est ordinairement prise sur le taux du salaire et la part de chaque ouvrier est proportionnelle au salaire touché dans l'année. Quelquefois on exige des conditions d'ancienneté et même de bonne conduite.

La part afférente à l'ouvrier est rarement versée dans ses mains en espèces ; le plus souvent, la plus grosse partie au moins, est placée, au nom de l'ouvrier, dans des caisses de secours, d'épargne, d'assurances sur la vie etc. On en trouvera des exemples dans le cours de ce travail. Dans la *filature de coton* de MM. Keller frères, en Suisse, le total de la participation est versée à la caisse d'épargne. Chez MM. Geilinger frères fabricant de *toiles peintes*, en Suisse, la part de chaque ouvrier lui est payée en espèces (p. 423).

Une question délicate est celle de l'examen des comptes par les ouvriers. En général, il est interdit. Cela se comprend de la part des patrons qui accordent la participation par libéralité pure. Toutefois, il en est qui, soit par un sentiment secret de justice, soit dans le but de faire cesser les préventions des travailleurs et les mieux attacher au système de la participation, permettent l'examen de leur comptabilité, ou bien par un délégué des ouvriers, ou bien par un expert nommé par eux.

# CHAPITRE XII

## SUITE DE LA PARTICIPATION

**Calcul des parts de chaque élément dans la distribution des bénéfices. — Transition de la participation à l'association coopérative.**

Avant de donner quelques exemples de la participation telle qu'elle est appliquée aujourd'hui, il est bon de faire comprendre au lecteur par quels calculs on arrive à attribuer à chaque participant la part qui lui revient.

Nous empruntons les détails qui suivent au *Bulletin de la participation aux bénéfices*, tome XIII, année 1891, page 193.

« Voici comment on procède au Tillot et à Trougemont : (1)

(1) *Société anonyme de tissus de laine des Vosges.*

« On établit en fin d'exercice un classement général des ouvriers par points, avec un maximum de 100 points, dont 40 attribués à la *production*, 36 à *l'ancienneté*, 24 à *l'assiduité*. »

« Si le plus ancien ouvrier ne s'est pas absenté et s'il a produit le plus, il se trouve en tête de la liste avec 100 points.

« Tous ceux qui ont plus de 50 points participent. Quant au mode d'application, il est d'une grande simplicité. Les statuts allouent 15 0/0 du bénéfice net au personnel. Sur ces 15 0/0, le Conseil d'administration fixe, chaque année, la part à accorder directement au personnel (la *part* s'entend probablement, ici, du *chiffre annuel?*), soit P. Si l'on désigne par S le total général des points des ouvriers participants, et par O le nombre des points d'un ouvrier, la part de cet ouvrier sera $\dfrac{O \times P}{S}$. »

Le calcul est juste; mais, pour le rendre plus clair, posons une proportion et disons :

Le nombre de points d'un ouvrier O est au nombre total des points des ouvriers S comme *l'inconnu* X est au chiffre du bénéfice P attribué à l'ensemble des ouvriers, et l'on a la proportion :

$$O : S : : X : P$$

D'où $X = \dfrac{O \times P}{S}$.

Dans la maison Leclaire, *Peinture en bâtiment*, à Paris, on a un autre mode de calcul :

« Le chiffre du bénéfice net étant connu, avant tout partage, 10 0/0 sont prélevés pour le fonds de réserve;

« 25 0/0 du surplus sont attribués à la société de secours mutuels commanditaire (dont nous parlerons un peu plus bas);

« 25 0/0 sont attribués à la gérance, pour la moitié au premier gérant, pour un quart à chacun des deux autres;

Les 50 0/0 restant sont partagés en espéces.

« Il est fait masse des journées d'ouvriers, apprentis ou simples auxiliaires et de tous les traitements des employés. Le chiffre représentant les 50 0/0 à répartir est divisé par cette somme de salaires et de traitements.

« Le résultat de cette division est multiplié par le chiffre du salaire ou du traitement que chaque participant aux bénéfices a reçu dans l'année, et le produit de cette multiplication indique la part des bénéfices à laquelle il a droit (*Exposition universelle* de 1889. Rapport de M. Charles Robert, p. 44). »

Dans l'usine de Bellevue (Haut-Rhin) appartenant à MM. Kestner et C$^{ie}$, voici comment se calcule la part des bénéfices :

| NOM de l'ouvrier | Années de service | PAIE | Taux de la prime | PRIME | Majoration | TOTAL |
|---|---|---|---|---|---|---|
| X | 30 | 810 | 8 % | 67 20 | 85 95 | 153 15 |
| Y | 16 | 1.027 | 6 % | 67 65 | 86 55 | 151 20 |
| Z | 5 | 663 | 3 % | 19 90 | 25 45 | 45 35 |

La prime des bénéfices est de 3 0/0 pour la première série de cinq années, de 4 0/0 pour la seconde et ainsi de suite en augmentant d'un pour cent.

En tout cela, dans la proportion que l'on établit entre les parts du capital, de la gérance et des ouvriers, il y a un certain arbitraire. Essayons une autre base. Reconnaissons le droit de chaque élément de la production (Capital travail et talent) à la participation et tâchons d'arriver à quelque chose d'équitable.

Supposons une entreprise industrielle où le capital engagé est de 100.000 fr.    100.000    »

Où la somme des salaires est de.............................    10.000    »

Où le directeur touche des émoluments de.....................    5.000    »

Voici sur quelles bases devrait s'opérer, ce nous semble, le partage des bénéfices.

Je ramène ces trois éléments au même type : le capital. Je dis : les 10.000 fr. de salaires représentent le revenu (à 5 0/0, je suppose) de 200.000 fr. Les 5.000 fr. d'émolument correspondent à un capital de 100.000 francs; j'aurai donc trois capitaux ayant concourru à la production et entre lesquels le bénéfice sera partagé au prorata.

Capital du prêteur............ 100.000 »
Capital des ouvriers ......... 200.000 »
Capital du directeur......... 100.000 »
                              —————————
            Ensemble...... 400.000 »

Le bénéfice obtenu étant, je suppose, de 15.000 fr., je prélève, d'abord, les sommes nécessaires pour alimenter les diverses caisses fondées dans l'établissement : Réserves, secours en cas de maladies, accidents, etc.

Les divers prélèvements opérés, supposons qu'il reste 10.000 fr., les parts seront ainsi faites :

Le capitaliste représentant le quart (100.000 fr. du total) touchera le quart de 10.000 fr., soit............................. 2.500 »
Les ouvriers, la moitié........ 5.000 »
Le directeur, le quart......... 2.500 »
                              —————————
            Total égal....... 10.000 »

Le résultat de la campagne sera donc celui-ci :

Le capitaliste aura d'abord touché 5 0/0 de son capital soit 5.000 fr.

Le directeur, ses émoluments, soit 5.000 fr.
Peu importe que ces deux éléments se trouvent
réunis dans la même personne;

Enfin les ouvriers auront touché leurs
10.000 fr. de salaire.

Tout cela avant la distribution du bénéfice.

C'est bien là, on le voit, la véritable association du capital, du travail et du talent.

Quant à la part individuelle de chaque ouvrier, elle sera prise sur les 5.000 fr. revenant
au travail d'après les principes posés plus
haut, c'est-à-dire au prorata de son salaire.


Il est un mode de participation dont nous
n'avons point parlé jusqu'ici et que nous réser-
vions comme un moyen de transition pour
arriver à la seconde institution destinée, selon
nous, à accomplir l'évolution industrielle qui
se prépare, je veux parler de l'association coopérative de production.

Ce mode consiste à faire arriver peu à peu
l'ouvrier à la possession collective de l'établissement où il travaille : idée de génie, qui accuse,

dans l'esprit de ceux qui l'ont connue et qui en ont tenté la réalisation, autant d'intuition des nécessités sociales modernes que de vrai dévoue-ment à l'humanité. Aussi les noms de Leclaire, de Godin, du familistère de Guise, de Laroche-Joubert, de Chaix, de Charles Kestner, seront marqués dans l'avenir du caractère des grands initiateurs.

Il est bon de mettre sous les yeux du lecteur quelques applications de ce procédé d'association progressive, bien qu'on les retrouve dans un grand nombre de publications d'économie sociale.

Ancienne maison Leclaire, devenue Redouly et C$^{ie}$ — *Peinture, etc.*, à Paris. (*Rapport Ch. Robert*, p. 38).

Dans cette maison, l'ouvrier ne devient pas *individuellement* commanditaire ; il fait partie d'une collectivité qui prend le nom de *Société de prévoyance et de secours mutuels des ouvriers et employés de la maison Leclaire*, fondée en 1838, qui comprend tout le personnel et qui forme l'unique commanditaire.

La Société possédait au 1ᵉʳ janvier 1891, 2.419.000 fr.

Voici les services qu'elle rend à ses membres :

En cas de maladies, soins gratuits médicaux et pharmaceutiques, indemnité de 3 fr. 50 par jour ;

Les femmes et enfants des sociétaires, les rentiers et leurs femmes ont droit aux soins du médecin et aux médicaments ;

Primes accordées à la naissance de chaque enfant ;

A 50 ans d'âge et après 20 ans de présence dans la maison, pension viagère de 1.200 fr. ;

Les veuves d'ouvriers tués au travail et les orphelins ont droit à la demi-pension ;

Il y avait, en 1890, 77 pensionnaires, y compris les veuves.

Inhumation des décédés aux frais de la Société dans une concession temporaire de cinq années ;

Tous les membres de la Société, sociétaires et pensionnaires, sont assurés par elle collectivement, en cas de décès, par application de la loi du 11 juillet 1868, à la *Caisse des assurances en cas de décès*, créée sous la garantie de l'Etat, pour 1.000 fr. chacun, toujours payée par l'Etat à la Société. L'assurance de 1.000 fr. n'est transmise par celle-ci qu'aux veuves, orphelins et ascendants des sociétaires.

La dissolution de la maison industrielle n'entraînerait point celle de la Société commanditaire. Celle-ci prendrait pour titre : *Caisse des retraites des invalides peintres en bâtiment du département de la Seine* et serait administrée par l'Assistance publique.

Si l'on se souvient que 50 0/0 des bénéfices sont distribués, tous les ans, en espèces, on voit combien la situation du personnel de la maison Leclaire est assurée et l'on peut dire que pour lui, l'évolution sociale est acccomplie.

*Papeterie coopérative d'Angoulême.* Maison LAROCHE-JOUBERT, et Cie. — (Rapport etc., p. 60). — 950 ouvriers.

Coopération introduite en 1845 : Les principaux collaborateurs sont intéressés aux bénéfices et deviennent commanditaires ; et, à partir de cette époque le nombre des commanditaires ne fait que s'accroître ; de telle sorte qu'en 1889, l'apport du personnel ancien s'élève à 1.783.000 fr., c'est-à-dire à 41 0/0 du capital social, lequel est de 4.320.000 fr.

Voilà un exemple topique de la possibilité, pour l'ouvrier, de devenir co-propriétaire de l'établissement où il arrive en simple travailleur.

Le nombre des associés, qui était de 45 en 1845 est de 161 en 1890. M. Laroche-Joubert fils, continuant l'œuvre de son père, cherche à faire passer la maison tout entière aux mains de ses ouvriers.

Il est un genre de coopération éphémère, s'appliquant à un travail de courte durée, sorte de forfait, très avantageux à l'ouvrier, que nous voudrions voir appliquer plus souvent, et dont nous trouvons un exemple dans une entreprise de bâtiments, dirigée par

M. Demmler, architecte de la Cour, à Schwerin (Mecklembourg). (Bohmert, p. 459) :

« Chaque fois qu'il était préférable de traiter à forfait, dans l'intérêt de la construction, M. Demmler ne s'adressait pas aux patrons, mais directement aux ouvriers, à des groupes, (exécution de planchers, de lattages évalués au pied carré, d'escaliers évalués au pied courant; de maçonnerie au pied cube). »

De cette façon les ouvriers touchaient et leur salaire et celui de l'intermédiaire. Ce système pourrait être employé en grand pour les travaux de l'Etat. Il y a bien longtemps qu'il est demandé. Pour notre compte nous l'avons proposé dans l'Assemblée législative de 1849; mais les gouvernants d'alors n'y étaient point favorables.

Nous pourrions multiplier ces exemples en puisant dans le livre de *M. Bohmert,* dans le *rapport* de M. Ch. Robert, dans le *Bulletin de la participation aux bénéfices*; nous nous conterons de renvoyer le lecteur à ces sources;

nous pensons en avoir assez dit pour démontrer la possibilité d'amener l'ouvrier à la propriété et, en tout cas, par la participation aux bénéfices à une situation qui le dégage de ce terrible cauchemar qui pèse aujourd'hui sur tant d'existences et que l'on appelle l'insécurité, le souci du lendemain.

Toutefois, pour clore ce chapitre, nous ne saurions mieux faire que de citer une association coopérative qui nous paraît un vrai type en la matière, celle des *Ouvriers charpentiers de la Villette*, société anonyme par actions, constituée le 25 novembre 1881.

Cette société a fait, en 1882, pour 400,000 francs d'affaires.

Elle est locataire d'un chantier d'un hectare de surface, avec hangar. Elle possède trois chevaux et quatre voitures.

Le capital, souscrit primitivement à 30,000 francs, est aujourd'hui de 92,800 francs, divisé en 928 actions de 100 francs.

L'outillage appartient à l'association.

La société est administrée par un conseil de

dix membres nommés par l'assemblée générale. Il a les pouvoirs les plus étendus et il
peut les déléguer à un directeur unique pris
dans son sein.

Le directeur peut révoquer un ouvrier : une
discussion trop grave avec un associé est un
cas de révocation. Le traitement du directeur
est de 500 francs par mois.

Le nombre des associés est d'environ 200.

La société paie 0 fr. 90 c. l'heure ; les autres
patrons ne donnent que 0 fr. 80.

N'entre pas qui veut, dans cette société : il
faut être initié de la société des *Compagnons
passants charpentiers du Devoir*. C'est une
garantie de moralité. Ils ont une confiance
complète les uns dans les autres. Leur devise,
U, V, G, T, veut dire : *Union, Vertu, Génie,
Travail*.

Avant le partage, on prélève sur les bénéfices :

1° 5 0/0 pour le fonds de réserve prescrit par
la loi ;

2° 5 0/0 du capital versé, pour être payé, à

titre d'intérêt, à tous les actionnaires sans distinction;

3º Une somme destinée à augmenter le matériel ;

Le surplus est réparti comme suit :

60 0/0 pour la création d'un fond de réserve extraordinaire et 40 0/0 à toutes les actions.

C'est grâce à cette réserve extraordinaire que la société peut acheter au comptant ses bois et ses fers.

Les ouvriers actionnaires ont touché un dividende de 8 0/0 en espèces, intérêt compris. (*Rapport de M. Ch. Robert,* page 70).

# CHAPITRE XIII

## ASSOCIATIONS COOPÉRATIVES DE PRODUCTION

**La coopération en 1848 et 1849.—Insuccès et ses causes. — Conditions de succès. — Nécessité du capital. — Ses droits.**

Il y a donc, pour nous, deux moyens pour changer la situation du prolétariat et l'amener à la sécurité du lendemain. Je ne sais si cela peut s'appeler *la solution de la question sociale.* Le mot nous paraît un peu gros; d'ailleurs, nous ne sommes pas bien sûrs que cette *solution* se voie jamais. Il nous semble que, comment que l'on s'y prenne, il y aura toujours une question sociale; car ceux même qui la placent dans le dépouillement du bourgeois et le bouleversement de la société actuelle, condition préalable du bonheur universel qu'ils nous promettent, n'en auront pas moins toujours devant eux une question sociale, ne fût-ce que celle de nous rendre encore plus heureux qu'ils ne nous auront faits.

Je m'en tiendrai donc à ma modeste formule et je déclarerai humblement que, pour atteindre cet idéal qui ne dépasse point la portée humaine et qui a l'avantage de pouvoir se passer de toute espèce d'intervention providentielle, venue d'en haut ou venue d'en bas, je ne connais que deux moyens — je ne dis pas qu'il n'y en ait point d'autres et je souhaite qu'on en découvre d'autres, — mais je ne connais, à l'heure actuelle, que ceux-là : la participation aux bénéfices et l'association coopérative de production.

Que, par de bonnes lois, le gouvernement déblaie le terrain devant ces deux instruments de la civilisation de l'avenir de façon à leur laisser toute liberté de développement ; qu'il récompense, par des distinctions honorifiques, lés hommes de cœur qui les introduiront dans l'industrie; l'instruction et l'éducation universelles aidant, j'ai la ferme conviction que l'on arrivera.

On le nie, je le sais bien ; on conteste surtout la possibilité de l'association coopérative de production. Il me semble qu'il y a été répondu par l'argument de Socrate ; on a marché devant la négation du mouvement.

Mais on nie la possibilité de donner au mouvement coopératif une extension considérable. Toutefois, si nous consultons nos souvenirs, nous constatons une notable différence dans les opinions relatives à la coopération en 1848 et à notre époque.

En 1848, l'idée des associations ouvrières effrayait singulièrement le parti conservateur d'alors. Il faut reconnaître que le système, mal étudié, n'était pas de nature à offrir les garanties d'une transformation sociale prudente ; aussi les essais, consciencieusement faits et loyalement acceptés par les hommes de l'Assemblée Constituante, ne furent pas suivis avec le même esprit par leurs successeurs de l'Assemblée Législative. Et lorsqu'on proposa à celle-ci d'appliquer à de nouvelles expériences le million et deux cent mille francs qui restaient non employés de la somme de trois millions, votés par la Constituante pour subventionner des associations coopératives d'ouvriers, la préoccupation de la majorité réactionnaire fut bien plus de démontrer, par l'expérience faite, l'inanité de cette conception socialiste que la possibilité de son succès.

M. le vicomte Lemercier, qui a écrit, en 1857, un petit livre sur les *Associations*, parle ainsi des dispositions différentes des républicains et des conservateurs dans l'Assemblée Législative, dont il faisait partie comme nous :

« Il ne faut point perdre de vue que les époques n'étaient pas les mêmes ; la Constituante voulait sérieusement établir la République… La législative… était arrivée à la conviction que la France ne pouvait pas rester longtemps sous une forme antipathique à ses goûts et opposée à toutes ses traditions. L'association était pour tous la *République dans l'atelier*. De là encore une raison de plus pour les deux Assemblées de se séparer sur cette question... Donc, chez les uns, c'était l'assurance d'améliorer le sort des ouvriers qui les ferait voter, chez les autres, c'était le désir d'expérimenter une idée fausse, suivant eux, mais ne pouvant sortir de l'esprit des ouvriers qu'à la suite d'un échec éclatant. (1)

Du reste veut-on quelque chose de plus clair encore ? Voici l'opinion de l'homme qui guidait alors le parti conservateur et qui en fut récompensé comme on sait.

« A la suite du vote des trois millions, M. Thiers disait à Corbon, le rapporteur de la loi : « Ce n'était pas trois millions qu'il fallait « nous demander, c'était vingt millions, nous « vous les aurions donnés. Oui, vingt millions, « ce ne serait pas trop pour faire une expé- « rience éclatante qui vous guérît tous de cette « grande folie. » (Lemercier, p. 47.)

(1) *Etude sur les Associations ouvrières*, par M. le vicomte Lemercier.

Nous pourrions ajouter ici nos propres souvenirs ; car nous eûmes l'heureuse chance de
faire partie de la Commission chargée, sous la
Législative, de se prononcer sur la destination
à affecter au reliquat de 1.202.543 francs non
employé des trois millions. Sur 16 membres,
la Commission ne compta que deux républicains : M. Theillard-Latérisse, du Lot, et moi.
En revanche, le parti réactionnaire y retrou-
vait ses plus grands noms : MM. de Vatisménil,
Renouard, de Cambacérès, Lefebvre-Duruflé,
rapporteur, etc. Le talent ne manqua point et
M. Lefebvre-Duruflé fit un très remarquable
rapport. Mais une circonstance particulière
nous permit de constater le sentiment qui
dominait alors toutes les âmes dans le parti
conservateur : La peur du socialisme. Nous
visitâmes, l'une après l'autre, toutes les Associations parisiennes qui avaient eu leur part
de la subvention des trois millions. Nous étions
auprès de l'une des rares Sociétés qui avaient
prospéré, chez des arçonniers qui habitaient
près de l'église St-François-de-Paul.

Après avoir examiné leurs livres, en connaisseur très compétent, M. Lefebvre-Duruflé, s'adressant aux ouvriers de l'atelier, leur demanda : « Quelles sont vos opinions, Messieurs? » Les ouvriers répondirent sans hésiter : « Nous sommes socialistes ! » M. Lefebvre-Duruflé se tourna vers M. de Vatisménil, et tous deux, en se regardant, hochèrent la tête d'un air navré.

J'avais observé le mouvement et je dis à ces Messieurs : « Voulez-vous me permettre d'adresser, à mon tour, une question à ces jeunes gens?... Citoyens, qu'entendez-vous donc par *socialistes*, leur demandai-je?... — Partisans de l'association, me répondirent-ils.» Je repris : « Si une nouvelle émeute survenait dans Paris, que feriez-vous ? *Nous prendrions nos fusils pour défendre notre atelier.* — Telles furent les paroles qui sortirent de la bouche de l'un des ouvriers et tous les camarades approuvèrent.

De sorte que « ces affreux socialistes » étaient tout simplement devenus des conservateurs...

sans cesser de se croire et de se dire socialistes.
Rien de tel que la propriété pour opérer de
ces métamorphoses.

Cette visite des ateliers ne révéla que trop
les causes d'insuccès des associations subventionnées.

Et d'abord, la matière était toute nouvelle
et quelle que fût la bonne volonté — d'ailleurs
incontestable — du conseil d'encouragement
chargé de répartir les fonds, il lui était bien
difficile de ne pas en appliquer une partie mal
à propos.

Il parvint au Conseil 521 demandes dont le
chiffre variait de 3.000 fr. à 200.000 fr.

« Le Conseil, dit M. Lemercier (p. 92) s'ef-
força de prêter l'argent aux associations offrant
des garanties sérieuses; mais quelles difficultés
ne rencontra-t-il pas pour obtenir des rensei-
gnements exacts?... Ce fut donc un peu à l'aven-
ture que le Conseil distribua les encouragements de l'Etat. »

Sur 30, 11 seulement étaient en bénéfice,

16 en perte, 3 en déconfiture (voir le rapport de M. Lefebvre-Duruflé).

Dans les 11, quatre seulement étaient de véritables associations : celle des arçonniers était du nombre.

Une idée fausse, inapplicable, avait accompagné tous les débuts : celle d'une égalité absolue dans les droits et dans les avantages. Il en résulta, d'une part, le découragement des bons ouvriers, traités comme les médiocres et une grande difficulté à créer quelque autorité dans la gérance, d'où manque absolu de direction intelligente.

Mais ce sont précisément ces fautes qui auraient dû modifier les conclusions beaucoup trop sévères du rapport ; car, enfin, elles s'expliquaient par l'inexpérience des débuts ; car elles pouvaient s'éviter et, en les évitant, les choses changeaient de face. La preuve en est dans les succès ultérieurs que l'on a pu constater et même dans certaines des associations subventionnées, telles que les arçonniers, les veloutiers de Lyon, l'imprimerie *Renquet et C*[ie].

Ainsi, inexpérience inévitable, essais de coopérations dans des conditions où le succès était impossible, ignorance des vraies conditions ; faux idéal d'envelopper chaque métier dans une corporation unique et puis d'associer toutes ces corporations, voilà ce qu'on trouve au début. Or, les associations qui s'établissent aujourd'hui suivent des règles autrement logiques. On conteste moins l'autorité d'un gérant, on ne lui mesure plus aussi parcimonieusement ses pouvoirs, quoique sous ce rapport, on ait encore bien des progrès à faire. La méfiance se dissipe sous la garantie d'un contrôle efficace des affaires. Les procédés de création surtout se sont modifiés, et celui qui consiste à rendre progressivement les ouvriers commanditaires est assurément le plus savant et le plus sûr ; car, tout en devenant commanditaire, l'ouvrier reste ouvrier, de sorte qu'en cas de perte de la maison, — presque toujours couverte, d'ailleurs par la réserve — s'il ne touche pas de dividende, il touche toujours son salaire, et les *caisses de secours* sont là pour la famille.

Le temps a marché et les esprits se sont familiarisés avec cette idée des associations ouvrières, qui effrayait les hommes politiques de 1849. Et loin de voir en elles la menace de l'avenir, ils comptent sur elle, au contraire, pour amener doucement, avec la participation aux bénéfices, le prolétariat à une situation stable et sûre.

Mais le plus simple bon sens indique que, pour réussir, il faut que les associations coopératives industrielles ou commerciales se placent dans les conditions logiques de l'industrie ou du commerce et que les trois éléments, direction, capital et travail se trouvent réunis et à point.

Commencer sans capital est singulièrement chanceux et ceux qui l'ont tenté l'ont payé, au début, par des souffrances — méritoires à coup sûr — mais bien vives; et ils n'ont pas marché vite, témoin : *l'Association collective du charronnage* de la rue d'Avron, à Paris. (*Rapport* Ch. Robert, p. 74.)

La note adressée au Ministre du commerce

par son délégué, pour l'exposition de 1889, porte :

· « Au début, peu en Caisse, provenant des cotisations; avance de 1000 francs par un citoyen dévoué; puis beaucoup de sacrifices de la part des fondateurs. Il nous serait impossible de vous exprimer exactement la vie décourageante de misère et de privations dont nous avons souffert. Non seulement, il fallait subir cette situation, honteuse pour des travailleurs honnetes, mais il est arrivé un momeut où nous nous considérions comme perdus et obligés de retourner chez les patrons qui débauchaient ceux de leurs ouvriers qu'ils soupçonnaient de faire partie de notre Société. Mais, alors, il nous fut alloué, à titre de prêt, 2.000 fr. du legs Rampal. Depuis ce temps, la situation a changé et l'inventaire au 31 décembre dernier (1887), accuse un bénéfice net de 8.395 fr. 35 »

Ainsi, on le voit, difficulté extrême de marcher tant qu'on est privé de capital; mais à peine celui-ci paraît-il, et bien minime, que la Société prospère.

Du reste, ce n'est point le capital en lui-même que prétendent chasser certaines écoles socialistes. Elles savent parfaitement que l'industrie ne saurait marcher sans instruments de travail, matières premières, ateliers, etc., qui, par leur ensemble, constituent le capital. Ce qu'elles proscrivent c'est la rémunération à laquelle cet infâme capital a l'outrecuidance de prétendre. Produit d'un vol qui accumule ses rapines depuis la proclamation de la liberté du travail, disent les disciples de Marx, comment a-t-il l'audace de prétendre à un droit dans le produit du travail ?

Ce beau raisonnement fait la fortune des meneurs des réunions publiques, qui exploitent l'ignorance des foules ; mais il a la mâle chance de trouver contre lui deux arguments, l'un de fait, l'autre de droit.

L'argument de fait c'est qu'il tuerait net, s'il était accepté, les associations coopératives et même la plus grande partie de l'industrie patronale. Et en effet, les ouvriers, au début manquant absolument d'argent, ne peuvent fonder leur établissement. Il faut donc qu'ils s'en procurent ; mais ceux qui le détiennent ne s'en dessaisiront qu'autant qu'ils y trouveront un avantage ; autrement, quel motif pourrait les décider à s'en séparer ? Leur argent n'est nulle part plus en sûreté que dans leur caisse.

Et voici l'argument de droit. Comment admettre que celui auquel on reconnaît le droit de *vendre* un produit qu'il possède, n'aurait pas le droit de le *mettre en location* ? Comment admettre qu'il pût *légitimement en toucher la valeur totale* par une vente et que toute rémunération du louage lui fût *interdite*, alors qu'il rend positivement un service à l'emprunteur ? On admet donc qu'il y ait des services qui ne doivent pas être rémunérés alors que d'autres le sont ?

J'ai besoin d'une maison, je l'achète. L'architecte qui m'a rendu un service est récompensé, mais, au lieu de l'acheter, je la loue, l'architecte n'aura pas le droit d'exiger de moi un prix de loyer ? Que fera alors l'architecte ? Il

gardera sa maison. Et moi, que deviendrai-je ?
je resterai à la rue.

C'est la même chose pour l'industrie. Et le
capital argent a parfaitement le droit, comme
tout autre capital, de réclamer un loyer à l'emprunteur.

Et maintenant que le taux de ce loyer aille
en diminuant, rien de mieux et, certes, on peut
constater, sous ce rapport, de très rapides et
très heureux progrès. Mais concluons que la
négation des droits du capital à une rémunéra·
tion dans l'industrie est l'idée la plus funeste
des écoles socialistes.

# CHAPITRE XIV



**Les procédés appliqués à l'industrie ne conviennent pas à l'agriculture.—Le métayage. — Une proposition.**

C'est à dessein que, jusqu'ici, nous n'avons rien dit de l'application à l'agriculture, soit de la participation aux bénéfices, soit de l'association. A notre avis, l'un et l'autre système lui conviennent peu, si l'on entend imiter pour elle, ce qui se fait dans l'industrie.

L'agriculture possède déjà un genre d'association extrêmement répandu et excellent ; c'est le métayage, qui crée entre le propriétaire et l'exploitant les rapports les meilleurs possibles ;

où le salariat disparaît à peu près sous l'égale participation, système profondément entré dans les mœurs du paysan, qui s'attache à la terre qu'il a cultivée souvent de père en fils et qui lui donne un peu plus que l'illusion de la propriété; car enfin, il se nourrit de son produit et c'est bien là une réalité.

Une coopération d'ouvriers, étrangers les uns aux autres, introduite sur un lot d'un certain nombre d'hectares pour le défricher ou le cultiver, présente bien peu de chances de succès. Et d'abord, où prendre ce lot? Je ne le découvre pas en France et je n'écris pas pour l'Amérique.

Une association de petits propriétaires voisins, confondant leurs terres dans une unité plus ou moins étendue? ne parlons point de ce rêve : l'individualisme, si puissant chez tous les habitants de la France, devient féroce chez le paysan. Il veut *sa* terre ; il veut *son* lot. Là est sa souveraineté ; là est le piédestal d'où sa vanité s'élève. Que la promiscuité l'en fasse descendre, il n'est plus le même homme, ni aux yeux des autres, ni à ses propres yeux.

Non, l'idéal de la propriété agricole de l'avenir n'est point là ; ni dans la possession collectiviste du sol, grands dieux ! Il est dans ces deux formules :

LA TERRE AU PAYSAN ;

LA CULTURE EN FAMILLE.

Entre les mains du paysan qui la possède et la cultive, la terre rendra son maximum de produits, et c'est là seulement qu'elle le rendra.

La culture en famille seule crée l'unité nécessaire et la variété d'aptitudes qu'exige la variété des travaux. Nulle part l'entente, l'accord, l'esprit de solidarité intime ne se développe mieux.

L'idéal de chaque membre, c'est la prospérité du domaine. Le bonheur du paysan, bonheur qui ne redoute point la comparaison avec celui que peuvent donner toutes les autres positions sociales, est là : dans le grain qu'on a semé et recueilli ; dans l'arbre qu'on a planté, dont on mange les fruits et qui embellit la maison ; dans le bétail qu'on a élevé et que l'on troque, au marché, contre de beaux écus sonnants ; dans l'épouse qu'on s'est choisie et qu'on a prise parce qu'on l'aimait.

La voilà la solution de la question sociale pour le paysan. Celui qui a mis le pied sur la terre promise — et c'est bien le cas de l'appeler ainsi — se sent parfaitement *arrivé*. Et voilà une forte portion de la population d'un pays qui a touché le port.

Remarquez qu'à cette solution tout le monde gagne : le paysan d'abord, qui, de prolétaire, devient propriétaire ; la société ensuite, par la production plus grande des objets de consommation ; enfin le possesseur actuel de la terre, non cultivant, qui sent aujourd'hui son revenu fondre graduellement dans ses mains.

Il n'y a plus, en effet, à se faire des illusions sur ce point : la terre, depuis longtemps déjà, n'est plus un bon *placement* pour le capitaliste. En la vendant, il s'enrichira, attendu que l'argent lui donnera un intérêt supérieur à la rente qu'il retirait du sol.

Car on suppose bien que nous entendons que la terre arrivera *honnêtement* aux mains du paysan, par la vente ; on n'imagine point que nous songions au procédé d'expropriation de l'école allemande ?

Ici, une grosse objection se présente. Comment fera le paysan pour acquérir la terre ? Pas plus que l'ouvrier de l'industrie, il ne possède de capitaux ; d'où les tirera-t-il ?

Evidemment, il faut qu'il trouve du crédit. Qui le lui fournira ? Sera-ce l'Etat ?

Ceci nous amène tout droit à la question des subventions de l'Etat aux associations de toute nature, industrielles ou agricoles.

Le lecteur n'a pas oublié les déclarations que nous avons faites au chapitre VII relativement au socialisme d'Etat. Aussi n'hésiterons-nous pas à dire que, s'il était démontré que l'association coopérative est l'instrument social capable d'émanciper définitivement la classe ouvrière, nul doute qu'il fût du devoir de l'Etat de subventionner, sous certaines formes, les groupes corporatifs. Et c'est pour cela qu'il faut juger avec sympathie les essais qui furent tentés par les Constituants de 1848, qui votèrent le crédit des trois millions. Ils voyaient dans les associations la solution de la question sociale. On est moins confiant aujourd'hui dans leur vertu ; mais, enfin, elles n'en sont pas complètement dépourvues, et s'il arrivait, par exception, que l'Etat favorisât par un prêt — non par nn don — *par un prêt à intérêt* — une association présentant toutes garanties, je ne vois pas qu'il y eût lieu à de sévères récriminations.

Des essais dans ce genre auraient, au moins, l'avantage de convaincre les ouvriers de la sollicitude de l'Etat et, d'autre part, de leur montrer la fausseté ou la vérité de certaines théories. Mais il faudrait agir nettement, afin d'éviter toutes les interprétations équivoques. Ce n'est pas là la conduite que nous avons vu tenir au gouvernement dans l'affaire des mines de Monthieu : on a subventionné en niant la subvention. On n'a pas su voir qu'on avait là une occasion des plus précieuses. Depuis longtemps, en effet, nous entendons ce cri qui ressemble à un cri de guerre : « La mine aux mineurs ! » Or, voici un cas providentiel qui se présente. Hé bien ! que les mineurs prennent la mine et qu'ils l'exploitent ! voilà ce que l'on devait dire. Ils n'ont point d'argent ? Il fallait leur en prêter, dût-on le perdre ; l'expérience valait bien cela.

Mais il fallait le dire tout haut aux Chambres et que le pays eût les yeux fixés sur l'essai, avec le désir profond que l'essai réussît. Que d'enseignements il pouvait en sortir ! et il en sortira sans aucun doute, car, après tout, l'affaire est engagée.

Mais c'est surtout dans les choses de l'agriculture que la question de l'intérêt général dans la subvention de l'Etat, peut être soutenue.

Admettez-vous qu'il est d'intérêt général que la terre produise le plus possible ? Tout le monde le proclame. Hé bien ! alors, la question paraît tranchée.

Mais il y a plus : tandis que, dans les coopérations industrielles subventionnées on peut adresser à l'Etat le grave reproche de faire du tort aux établissements privés en leur suscitant une concurrence dangereuse, en agriculture, rien à craindre de semblable. Le succès du voisin n'inquiète pas. La preuve, c'est que personne ne se jalouse, et l'on peut observer cette différence entre les mœurs agricoles et les mœurs industrielles : c'est que, alors qu'ici on cache ses secrets, là on les annonce *urbi et orbi*. L'industriel qui fait la découverte d'un procédé nouveau le dissimule avec un soin jaloux ; l'agriculteur qui trouve un engrais inconnu n'a de cesse qu'il ne l'ait fait connaître à toute la terre. C'est qu'en agriculture, la surproduction n'est pas à craindre, ou du moins, n'est que bien exceptionnellement à craindre.

Concluons que la question de savoir si l'agriculture doit recevoir une intervention directe de l'Etat vaut la peine d'être examinée.

Ce qu'il y a de certain, c'est que, si l'évolution dont je parle s'opérait, si la terre était remise aux mains des familles agricoles, pour

trouver dans l'histoire de la France un fait
social comparable, par son importance, à celui-
là, il faudrait remonter au temps de la première Constituante, alors que les biens nobles
ou de main-morte furent acquis par le Tiers-
Etat.

Quant aux moyens pratiques, ils sont faciles
à indiquer ; les voici :

Le grand moteur de l'évolution, c'est le Crédit de l'Etat.

Nous disons le *crédit*, le prêt ; il n'est pas
question de *don gratuit*.

Mais il y a une condition de succès absolument inévitable, si l'on veut aboutir ; condition
que tous les projets de crédit agricole, même
les plus récents, ignorent ou passent sous
silence, ce qui fait de ces projets une source
de bénéfices pour les riches propriétaires de
terre peut-être, et pour les banquiers à coup
sûr, mais ils n'apportent rien au paysan, au
véritable agriculteur.

Cette condition, c'est de n'exiger aucun
intérêt de l'emprunteur pendant les deux ou

trois premières années de sa possession, de ne prendre qu'un intérêt minime pendant la quatrième et la cinquième, et de ne lui réclamer des annuités (amortissement et intérêt) qu'à partir de la sixième année.

Les objections sont faciles à prévoir. Nous ne chercherons point à les éluder.

1° Objection : Le territoire agricole français comprend : 50.560.716 hectares et représente une valeur de 91.583.966.075 francs. Est-ce cette étendue que vous espérez faire passer aux mains des paysans ? Est-ce cette somme que vous vous proposez de demander à l'Etat ?

Réponse. Une première observation : Si, dans les cinquante millions d'hectares, vous comprenez les montagnes abruptes, impropres à toute culture ou à toute autre que la forêt ou la prairie, il faut d'abord les en retrancher.

En second lieu, ces deux formes de culture, la prairie et la forêt peuvent parfaitement rester entre les mains des possesseurs actuels : particuliers, communes ou Etat; ils peuvent présenter encore des placements avantageux, distraisons-les donc également de la masse. Il faut en distraire aussi six millions d'hectares non cultivées, qui peuvent faire un jour des prairies ou des forêts.

Enfin, en troisième lieu, il est bien entendu que nous n'entendons contraindre aucun possesseur actuel à vendre son domaine. Il le gardera s'il lui plaît de le garder, et assurément beaucoup le garderont. Celui qui aura assez de fortune pour se contenter de petits revenus et même pour se passer du revenu de son domaine, celui qui voudra le conserver comme un objet de luxe — et le plus beau, le plus moral de tous les luxes et qui sert à l'embellissement de la terre — celui-là continuera à posséder. Cela fait un gros lot, impossible à évaluer, qu'il faut tirer du marché; ce qui restera sera certainement considérable, mais il ne s'agit point d'achever l'opération en une campagne.

Voici, du reste, de précieux détails que nous devons à l'éminent directeur du Ministère de l'Agriculture, M. Tisserand.

(Dernier recensement 1882).

Etendue de la surface agricole de la France :

| | | |
|---|---:|---|
| Terres arables . . . . . . . . . | 26.017.582 | hectares |
| Vignes . . . . . . . . . . . | 2.106.799 | — |
| Prés naturels. . . . . . . . . | 4.115 421 | — |
| Herbages pâtures. . . . . . . | 1.711.116 | — |
| Bois et forêts . . . . . . . . . | 9.455.225 | — |
| Cultures en reboisements. . . | 842.033 | — |
| Total. . . . . . . . . . | 44.338.179 | hectares |
| Surface non cultivée (landes, terres rocheuses, marais, tourbières) . . . . . . . . . . . . | 6.222.537 | — |
| Total du territoire agricole. | 50.560.716 | hectares |

## Valeur (Enquête de 1879-1881)

| | | |
|---|---:|---|
| Terrains de qualité supérieure. | 3.829.039.098 | fr. |
| Terres labourables . . . . . . | 57.514.810.648 | — |
| Prés et herbages . . . . . . . | 14.799.518.127 | — |
| Vignes . . . . . . . . . . . | 6.887.902.398 | — |
| Bois. . . . . . . . . . . . . | 6.256.930.960 | — |
| Landes, Pâtis, etc. . . . . . . | 1.394 532.180 | — |
| Cultures diverses . . . . . . . | 901.232.664 | — |
| Total. . . . . . . , . . . . | 91.583.966.075 | fr. |

Deuxième objection : Quelles garanties aura l'Etat de rentrer dans ses fonds?

Réponse : Une première hypothèque sur tout le domaine, alors qu'il n'aura avancé, comme nous le verrons, que la moitié de sa valeur.

En outre, il ne faut pas supposer qu'il suffira à la première famille venue de demander une somme à l'Etat pour l'obtenir. Sa pétition devra être accompagnée de certificats de qui de droit, attestant capacité et moralité. Les familles aptes à se charger d'un domaine ne manqueront pas. Pour s'en convaincre, on n'a qu'à considérer que toutes celles qui exploitent, à l'heure présente, en qualité de métayer, n'en exploiteraient que mieux les mêmes terres comme possesseurs.

Troisième objection : Ces subventions engageraient dans de trop fortes proportions les finances de l'Etat.

Réponse : Et d'abord, l'Etat serait le maître de fixer la somme annuelle qu'il appliquerait à cette subvention. Il faut considérer que, ainsi que toute nouveauté, les demandes n'iront pas vite. Nous estimons que 20 millions par année suffiraient. Si l'on compare ce chiffre avec celui de cent millions demandés par M. Constans, dans son projet sur les retraites ouvrières, et si l'on considère que ces vingts millions, qui ne constituent qu'un prêt, rentreront, capital et intérêts ; tandis que les cent millions du projet Constans représentent un gros sacrifice annuel, on nous trouvera modeste, nous l'espérons du moins.

Ces explications données, voici comment nous comprenons que l'opération pourrait se faire :

Nous admettons qu'une famille de paysans qui prend un domaine, en partie cultivé et en partie en friches, mais dont la partie cultivée peut la nourrir, comme c'est le cas dans toutes les fermes, est en mesure de se rendre acquéreur en payant en entrant la *moitié* du prix du domaine au possesseur et restant débitrice du reste, dont elle servira l'intérêt à 3 0/0 ou 3 1/2.

Le paysan acquéreur n'aura donc qu'à trouver la somme correspondant à la moitié du prix du domaine.

L'Etat la lui fournira aux conditions que

nous allons faire, connaître et à titre de prêt. Mais quant au remboursement, il faut considérer que, pendant les trois premières années, le paysan, occupé aux défrichements et à des améliorations plus ou moins coûteuses, ne pourra pas payer le moindre intérêt ; que les deux années suivantes, il n'en pourra payer qu'un très faible et que ce n'est qu'après la cinquième année qu'il sera en mesure de commencer le service des annuités.

Ce service, il le fera sans difficultés. Nous sommes même convaincu qu'il en dépassera les chiffres ; aussi sera-t-il nécessaire de stipuler dans les conventions avec l'Etat la close des remboursements anticipés, à la volonté du débiteur.

Voici donc les termes du contrat vis-à-vis de l'Etat : Emprunt à 3 1/2 % d'intérêt ; rien à payer pendant les trois premières années ; 1 % seulement pendant la quatrième et la cinquième ; annuité de 5 % à partir de la sixième année. Dans ces conditions, la libération complète sera obtenue au bout de 55 ans.

Exemple de calcul sur une somme de 100 fr.

Une famille de paysans emprunte une somme de 100 francs à l'Etat au taux de 3 1/2 d'intérêt.

Le remboursement de cette somme ainsi que des intérêts à 3 1/2 %, peut avoir lieu en 55 années de la manière suivante :

1° Sans aucun versement pendant les trois premières années ;

2° En versant 1 franc par an pendant les deux années suivantes ;

3° En versant 5 francs par an pendant les 49 années suivantes ;

4° En versant 2 francs à la fin de la dernière année.

L'emprunteur versera donc :

1° deux fois 1 francs, soit ......    2    »

2° Quarante-neuf fois 5 fr., soit.  245    »

3° Une fois 2 francs, soit.......    2  .  »

Ensemble........  249    »

Et il se trouvera libéré du capital et des intérêts.

Sur cette base, le calcul de l'emprunteur est facile à établir, quelque somme qu'il demande à l'Etat.

Quant au vendeur qui reste créancier pour une somme égale au prix de la moitié du domaine, il aura pour garantie, comme l'Etat, l'inscription hypothécaire, en second rang, il est vrai ; mais la valeur totale de la terre peut supporter sans danger cette double inscription. Et, pour ce qui est de l'intérêt de 3 1/2 % que le paysan devra lui payer dès la première année, celui-ci le pourra fort bien puisqu'il vivait sur le domaine, comme colon avec la *moitié* de son produit annuel et qu'il touchera dorénavant ce produit tout entier.

Du reste, si l'on croyait — à tort selon nous — que l'emprunteur eût besoin d'une plus forte partie de la valeur de la terre ou même de la totalité, notre système n'en fonctionnerait pas moins ; l'Etat devrait augmenter la somme annuelle du prêt ou ralentir d'autant l'opération.

Reste une observation à présenter au point

de vue de l'Etat. Nous supposons qu'il prête annuellement vingt millions. Voici les chiffres des rentrées qu'il obtient.

Pendant les trois premières années, rien.

Négligeons les rentrées de la quatrième et de la cinquième (1 %).

Ce n'est que la sixième année que l'Etat reçoit sa première annuité, qui sera de 1 million. De sorte que, à partir de la septième, si le prêt de 20 millions continue, on va voir le produit des annuités réduire progressivement la somme à demander au budget pour faire les 20 millions. Et, en effet, dès la septième année, la première annuité du premier prêt fournissant un million, ce n'est plus que 19 nouveaux millions à demander à l'Etat.

La huitième année, il s'opère la rentrée de deux annuités, la 2ᵉ du premier prêt et la première du second, soit 2 millions et l'Etat n'a plus à demander que 18 millions et ainsi de suite, si bien qu'au bout de la 26ᵉ année, le rendement seul des annuités égalera le prêt annuel, et qu'à partir de la 27ᵉ, l'Etat, en mê-

me temps qu'il continuera le prêt, encaissera
1 million, et cet encaissement augmentera d'un
million tous les ans jusqu'à l'expiration de la
première série d'annuités, c'est-à-dire jusqu'à
la 55ᵉ année. A cette époque, les boni des annuités seront de 29 millions et n'augmente-
ront plus.

Et c'est ainsi qu'on peut se rendre compte
que l'opération dont nous donnons l'idée ne
constitue nullement un sacrifice pour l'Etat :
c'est, en réalité, un placement à 3 1/2 0/0.

Dans de pareilles limites qui ne dépassent
point celle d'une tutelle légitime et vraiment
commandée par les circonstances sociales, il
nous paraît qu'on peut parfaitement admettre
un socialisme d'Etat. L'Etat ne *donne* rien,
par conséquent il ne prend rien aux uns pour
donner aux autres. Il *prête* alors qu'un crédit
est absolument nécessaire et que *lui seul est
en situation de prêter dans les conditions
voulues.* Il est évident que, si l'on veut la réforme, il n'y a point d'autre moyen de l'obtenir,
aucun établissement financier ne pouvant

attendre pendant six années les rentrées. Et cette réforme, il faut la vouloir : c'est d'un coup, la solution de la question sociale pour le paysan, c'est-à-dire pour la masse du prolétariat.

Nous regrettons que le même système ne puisse s'appliquer à l'industrie. Ce qui l'empêche, ici, c'est *l'absence de gage* à offrir au prêt de l'Etat.

Nous ne pouvons cependant passer sous silence un moyen proposé, il y a longtemps par Buchez, et repris tout récemment par M. Ott (1), que nous ne saurions admettre dans les termes où il a été présenté, mais qui, modifié comme nous allons le dire, mérite d'arrêter l'attention.

Nous voulons parler des *associations à capital indivisible* (p. 72, tome II).

Cette association consiste à former, au début, par l'apport de chaque sociétaire ou par un

_______________

(1) Traité d'économie sociale par M. Ott, docteur en droit. Fischbacher, 1892.

emprunt, un capital qui restera la propriété de l'Association, considérée comme personne morale. Les membres s'en vont sans pouvoir rien reprendre de ce fonds social. Il est payé, si c'est un emprunt, par les annuités fournis par les premiers sociétaires et les nouveaux venus bénéficient de cette situation.

L'avantage d'une pareille création serait immense, puisque l'ouvrier qui ne possède rien, trouverait en entrant, l'instrument de travail; mais nous avons deux objections à lui opposer.

Et, d'abord, les ouvriers ne consentiraient point à faire ainsi des avances gratuites; en second lieu il n'est vraiment pas juste que les premiers, seuls, supportent les frais d'une entreprise dont profiteront tous leurs successeurs ; ou si l'on veut il n'est pas juste que ceux-ci jouissent d'avantages dont d'autres ont supporté les frais.

Il y aurait un moyen pour que le bénéfice, très réel, de cette institution ne fut point perdu pour la société présente : ce serait que l'Etat fît un prêt, et un prêt dont il prélèverait an-

nuellement l'intérêt, un prêt sans remboursement, afin que tous les associés en subissent les
charges, sauf le cas exceptionnel d'une prospérité qui ferait envisager par l'association, le remboursement comme une opération avantageuse.

Voilà un des cas où le socialisme d'Etat aurait
son application avantageuse à l'ouvrier de l'industrie.

Ne perdons point de vue que ce qui empêche
les sociétés coopératives de se former c'est
l'absence de capitaux. Voyez ce qui se passe
dans cette intéressante société de charronnage
que nous avons signalée au chapitre XIII : que
de souffrances, que de privations tant qu'on
n'a pas un petit capital, et quelle énergie n'a-
t-il point fallu à ces vaillants pour les supporter ; mais voici qu'arrivent deux mille francs —
c'est bien petit, mais cela suffit — deux mille
francs du legs Rampal et la société est sauvée,
elle étend un peu ses affaires et prospère.

Hé bien ! ce legs Rampal, pourquoi resterait-
il la seule œuvre de cette nature, c'est-à-dire
destinée à favoriser les sociétés coopératives

de production? L'ère des bienfaiteurs généreux n'est point close. Il y en a eu à toutes les époques, et la nature de leurs dons dépendait de l'idéal qui les guidait. Cet idéal se modifie avec le temps. Dans les périodes de foi religieuse, on construisait des chapelles, on donnait aux églises, on opérait ce qu'on a appelé des fondations.

Plus tard, on sacrifia aux arts, quelquefois à la science. Pourquoi, aujourd'hui, ne viserait-on pas l'amélioration des conditions sociales du travailleur? Pourquoi cet argent, que l'Etat n'a pas le droit de donner, ne sortirait-il pas des mains des bienfaiteurs d'aujourd'hui? S'il était perdu, cette fois, personne ne serait injustement lésé et l'expérience faite aurait toujours un résultat.

Revenant à notre sujet, et pour conclure, disons que les conditions que nous avons posées peuvent être modifiées. Si l'Etat veut prêter à 3 au lieu de 3 1/2, il est libre, et notre système n'en sera point changé. Nous avons cru devoir nous tenir au cours de la rente.

# CHAPITRE XV



## L'égalité en droit. — L'égalité en fait.

L'heure présente est sombre.

Il est incontestable qu'une préoccupation grave pèse, à des degrés divers, sur tous les esprits.

Que nous apportera demain?... C'est cet inconnu qui sème les inquiétudes.

Sommes-nous donc à une de ces grandes époques de l'histoire où les sociétés humaines subissent, dans leurs bases mêmes, une transformation ?

D'aucuns le pensent et ils prononcent même un mot troublant : ils parlent de « l'avènement d'un quatrième Etat ». Et ce quatrième Etat, pour eux, c'est « le *prolétariat* ». C'est l'ouvrier.

C'est bien l'ouvrier, en effet, qui crée l'incontestable et inéluctable problème posé devant la société présente.

Mais ce problème contient-il vraiment l'éclosion à la vie publique, à la vie politique et économique, d'une couche de la population jusqu'à ce jour tenue en dehors du droit social? Et, pour l'y amener, une révolution est-elle fatalement inévitable? Voilà la double question qui se pose.

Il la faut aborder sans illusions et sans craintes ; car tout le monde comprend l'intérêt de sa solution.

C'est Louis Blanc, croyons-nous, qui prononça le premier cette parole : « L'avènement du Tiers-Etat a fait la Révolution de 1789 ; il faut que le Prolétariat ait la sienne, et ce sera la dernière. »

Depuis Louis Blanc, les républicains de son école ont répété assez inconsciemment cette affirmation et, aujourd'hui, certains socialistes nous en font entendre les derniers échos.

Ce rapprochement que l'on établit entre la situation du Tiers avant 89 et celle du Prolétariat d'aujourd'hui est-il justifié?

Examinons-les l'une et l'autre.

Sous l'ancien régime, comme le fit remarquer Sieyès, le Tiers-Etat n'était *rien*. C'était absolument vrai. Et Sieyès, en ajoutant : « Que doit-il être? Tout », entendit par là que tous les privilèges devaient tomber et les trois ordres se fondre dans une démocratie égalitaire.

Donc, le Tiers-Etat n'était rien ; c'est-à-dire qu'il n'avait aucun droit : les grades de l'armée, les fonctions politiques et sociales étaient pour les deux autres ordres. Les revendications de la justice ne s'exerçaient guère que contre lui ; le pouvoir judiciaire était dans les mains de la noblesse. En revanche, toutes les charges retombaient sur le Tiers : c'est lui qui payait la presque totalité des impôts.

La Révolution vint égaliser les charges et les droits. La question à examiner est donc celle-ci : En proclamant les Droits de l'homme et du citoyen, la Révolution fit-elle exception pour une fraction quelconque de la nation? L'égalité devant la justice, devant l'impôt, devant le service militaire, ne fut-elle pas pour tous ? La liberté du travail n'émancipa-t-elle point l'ouvrier de la puissante tyrannie des corporations ? Pour la première fois, n'eut-il pas le droit de choisir et son industrie et le lieu de sa résidence ? Pour la première fois, en touchant son salaire, ne posséda-t-il pas enfin le prix de son travail ?

Montrez-moi *l'exception* dans laquelle il fut tenu, exception *qui dure encore*, qui constitue une *iniquité politique* ou *sociale*, et alors, oui, je reconnaîtrai l'élément d'un avènement politique et la légitimité d'un mouvement révolutionnaire si cet avènement est nié et empêché.

Mais je ne vois rien de cela, *en droit*. Nous parlerons du fait tout à l'heure ; mais réglons, d'abord, la question de droit, qui domine tout. Eh bien ! en *droit*, on ne peut nier que la France soit aujourd'hui une incontestable démocratie, où les anciennes classes se sont fondues. Surtout depuis l'établissement du suffrage universel, l'égalité de droits de tous les citoyens est incontestable.

Quelle est donc l'inégalité qui reste ? Celle de la fortune est celle *des moyens de l'acquérir*, et nous voici en plein dans la *question sociale*. Avant de l'examiner, il était nécessaire de constater *qu'au point de vue du droit il n'y a plus rien à faire en France*. Ce qui reste, c'est une situation précaire, au point de vue des moyens d'existence, s'étendant sur une grande partie de la population, sur *l'ouvrier*.

Cette situation commande le plus puissant intérêt et l'action de tous, gouvernement et simples citoyens; mais comment que vous vous y preniez, vous n'en ferez jamais sortir « l'avénement » d'une classe; le principe, la justification, le sel de toute évolution sociale, le DROIT, y fera toujours défaut.

Concluons donc qu'il faut voir dans l'usage que certains socialistes évolutionnistes font de ce mot, « Avénement du quatrième État », un effet de rhétorique et pas autre chose. Qu'ils prennent garde, toutefois, qu'ils s'exposent à être confondus avec les Marxistes qui, partant de l'affirmation que la société « bourgeoise » est formée d'une bande de voleurs, parlent de lancer sur elle « un quatrième Etat », qui deviendra l'Etat unique par le dépouillement et le massacre. Je ne crois pas que le socialisme français ait ni le goût ni l'intérêt d'être confondu avec celui-là.

# CHAPITRE XVI



**La religion. — La philosophie. — L'esprit scientifique. — Auguste Comte et le positivisme. — M. Renouvier et le phénoménisme.**

Nous avons reconnu, dans les chapitres précédents :

1º Que la *liberté du travail*, proclamée par l'Assemblée constituante de 1889, *n'assurait pas nécessairement* du travail à l'ouvrier et, par conséquent, ne lui *garantissait pas* des moyens d'existence.

2º Que le salaire de l'ouvrier ne représentait pas *toujours la part équitable* qui lui revenait dans la production.

Mais nous avons constaté aussi que, malgré ses insuffisances, la liberté du travail avait cependant pour l'ouvrier d'incontestables avantages;

Et qu'il n'était pas exact d'affirmer que la part du salaire dans la production — mesure d'ailleurs assez difficile à établir — fût *toujours* en dessous de ce qu'elle devrait être.

Nous avons montré encore, d'une part : que la société actuelle, fille de 89, était fondée sur les principes d'égalité, de liberté et de justice, par conséquent la plus près du droit absolu qu'ait encore produit l'histoire; et que si elle contenait d'incontestables abus pesant sur la partie inférieure de la population, ces abus appelaient la sollicitude des gouvernements et leur créaient des devoirs positifs.

D'autre part : que ceux qui affirmaient la nécessité d'une évolution, pacifique ou révolutionnaire, intégrale, étaient incapables de formuler un système social nouveau acceptable.

Enfin, dernière conclusion : contre l'annonce d'une attaque violente par le dépouillement et

le massacre, affirmée comme inévitable préface
de je ne sais quelle prétendue organisation
communiste où l'Etat providence remplacerait
la liberté individuelle, nous avons posé, pour
la société présente, le droit et le devoir de se
défendre.

Mais nous ne saurions trop le répéter :
nous maintenons le devoir formel, et actuel,
et de toutes les heures, de s'attacher à l'amélioration du sort de l'ouvrier, de travailler à
lui assurer, en même temps que son droit et
sa liberté, — donc sa dignité, — la sécurité du
lendemain.

Ce n'est donc pas une révolution que nous
avons à opérer, c'est une réforme à apporter
dans l'élément le plus important d'une organisation sociale : dans le travail.

Mais, ici, nous rencontrons une dernière
objection, qui serait la plus décourageante de
toutes si elle devait nous arrêter.

On nous dit : « Vous proposez comme
remèdes à la situation de l'ouvrier, la participa-

tion aux bénéfices et les associations coopératives de production. Mais, à supposer que ces deux moyens dussent réussir, il faudrait, tout d'abord, que les ouvriers les acceptassent ; or, ils s'y refusent. Les uns, parce qu'ils n'ont point confiance en vous ; ils se méfient et ne voient dans vos offres philanthropiques que vos intérêts de producteurs ; les autres, parce qu'ils sont entraînés déjà dans le courant révolutionnaire et n'attendent que le moment du branle-bas général, dont ils ont cru apercevoir, récemment, quelques signaux. »

On ajoute : « Il ne faut point se faire d'illusions et mettre en doute l'entraînement que subira l'ouvrier dans ce soulèvement révolutionnaire. Qu'est-ce donc qui pourrait le retenir ? Quel puissant moyen d'abstention trouvera-t il dans sa situation ou dans son âme ? Dénué de tout, n'ayant rien à perdre, devant l'espérance donnée, et à laquelle il croit, de posséder demain, il marchera, à moins que quelque chose ne ne s'éveille dans sa conscience pour l'arrêter.

« Mais que trouvera-t-il dans sa conscience ?

On l'a vidée de tout, religion et morale. Les prédications athées des réunions publiques l'ont amené à ne croire qu'à ses appétits et à ne voir que son dénûment au milieu d'un monde de voleurs. Imaginez un soldat mieux préparé pour la révolte ! »

Ne laissons pas une minute le lecteur sous l'impression de ce tableau sans lui dire qu'il est exagéré et que nous saurons le réduire à ses proportions justes; mais la question de l'état moral de l'ouvrier, à l'heure présente, se pose ici d'une façon trop impérieuse, pour que nous nous refusions à l'examiner. C'est ce que nous allons essayer.

Le mal qui a atteint l'âme de l'ouvrier ne s'est pas déclaré spontanément en elle. Il y est arrivé par contagion; il est descendu des classes « dirigeantes »; impossible de se le dissimuler; et si nous voulons connaître la nature de ce mal, il faut l'étudier dans sa source, dans les classes supérieures.

Ce serait une idée fausse que d'imaginer que

les esprits sont viciés d'une certaine façon en haut et d'une autre façon en bas. Non, non! A des degrés divers, avec des conséquences diverses, c'est bien la même affection qui règne d'un bout à l'autre de l'échelle.

La religion ne tient plus le peuple — elle n'est plus un frein, aurait pu dire M. Guizot. — C'est vrai, dans les villes, pour une forte masse, mais existe-t-elle encore dans les hautes classes?

Combien avons-nous de croyants sincères, convaincus? un nombre infiniment petit. Une quantité un peu plus grande pratique encore dans la conviction que son exemple concourra au maintien de l'ordre, en retenant le peuple dans la foi. Mais combien ces deux catégories sont minimes à côté de celle des non croyants qui lâchent tout, sans se préoccuper des conséquences?

Donc, dans cet abandon des anciennes croyances religieuses, qui a donné l'exemple? qui a commencé? Vous ne direz pas que ce soit le Peuple?

Certes, on ne serait point dans le vrai si l'on

osait prétendre que, dans les classes instruites, la perte de la foi religieuse a tué la moralité ; car cette moralité n'a subi aucune atteinte, la philosophie l'a sauvée. On pourrait plutôt soutenir qu'elle l'a grandie, épurée, en la séparant des espérances de récompenses ultramondaines que la religion lui promettait. Et chose bien digne de remarque, la renaissance du sentiment religieux dont nous sommes témoins aujourd'hui, — je vais le démontrer — se garde bien de reporter à la morale cet antique encouragement ; il respecte son indépendance qui fait son mérite.

Voici, en effet, le cycle intéressant qu'a parcouru, bien rapidement, la Philosophie.

Le spiritualisme, successeur immédiat de la religion, ouvre la période et emprunte à celle-ci l'immortalité de l'âme et Dieu. Timide dans ce premier essai d'émancipation, il va jusqu'à prononcer le mot de *religion naturelle*.

La philosophie semble ainsi demander pardon à la vieille Eglise, du coup qu'elle lui a porté ; mais ce coup est décisif. En dégageant les esprits de la RÉVÉLATION, elle leur a donné un essor qui n'aura plus de limites, car il ira jusqu'à la négation des deux fondements de toute religion : Dieu et la croyance à une autre existence.

En effet, d'autres philosophes sont allés jusque-là.

Ici est intervenu l'esprit nouveau qui souffle sur le monde ; l'esprit scientifique, qui a voulu connaître, qui a voulu savoir et qui a résolu de n'affirmer que les choses démontrées par la science.

Ah! certes, on ne peut nier qu'il ne soit venu à son heure, cet esprit-là! Que d'hypothèses vaines, que de théories se substituant aux faits, que d'affirmations prétentieusement fausses obscurcissaient le champ des connaissances humaines! Que de méthodes à prioriques usurpaient le domaine logiquement revendiqué par l'expérience et la sévère induction.

Oui, l'heure de l'esprit scientifique était bien venue. On l'avait appliqué avec de merveilleux résultats aux sciences naturelles ; un penseur éminent, un français, Auguste Comte, résolut de l'appliquer à la philosophie. Il ne pouvait trouver un milieu mieux préparé et son succès était certain s'il restait exactement fidèle à l'esprit scientifique.

Le succès fut grand, en effet, et, pendant longtemps, on put croire que la conquête du monde philosophique ne pourrait lui être disputée.

Aujourd'hui, pourtant, il semble qu'un temps d'arrêt se produise.

Auguste Comte, voulant sans doute indiquer par un mot la haute portée de sa philosophie, a prononcé le nom de religion : « la religion de la science ».

Ce fut une imprudence, car cela réveilla dans le monde savant une expression qui depuis longtemps ne s'y prononçait plus.

D'autre part, en prenant pour règle de ne laisser pénétrer dans le nouveau sanctuaire que les vérités démontrées par la science, il fut fatalement amené, sinon à nier, du moins à écarter certaines données que la science était, au moins actuellement, impuissante à démontrer, et qui, pourtant, exerçaient encore une action profonde sur la plus grande partie de l'humanité. Je veux parler de Dieu et de la survivance, ces deux pivots de la religion, dont l'absence, dans une *religion* nouvelle, ne pouvait que frapper les esprits.

Je veux bien que le Maître n'ait point proscrit Dieu par une exclusion catégorique, comme d'autres philosophes, Proudhon, par exemple, l'avaient fait. Mais je remarque que les disciples évitent d'en prononcer le nom avec une attention étudiée. Et cette attention, et le sourire sceptique qui accueille chez eux toute allusion à la divinité et à la vie future, accusent assez bien leur vrai sentiment : en réalité, ils les nient.

Ils les nient et c'est en cela qu'ils dépassent leur droit et l'esprit même de leur méthode.

Ils dépassent leur droit, puisqu'ils n'ont pas démontré la non-existence des objets de ces deux croyance. Tout ce que leur méthode leur permet, c'est de les écarter.

Mais les écarter? fort bien si, l'écart opéré,

aucun vide ne s'est produit dans l'âme humaine, si rien ne proteste, si aucune curiosité nouvelle ne s'y réveille, si la science a satisfait à tout. Car s'il en était autrement, si, la science ayant donné sa dernière réponse actuelle, de nouvelles questions surgissaient dans les esprits, puissantes, impérieuses, tourmentantes; si elles accusaient un sentiment auquel la science n'a pas donné satisfaction et que ce sentiment, que j'appellerai le sentiment religieux, exigeât à toute force une réponse, que ferait-on? Il n'y aurait que deux partis à prendre : ou nier ce sentiment ou essayer de lui donner satisfaction.

Le nier? On l'a essayé, on n'y est point parvenu. Proudhon disait : « Il se peut qu'en mon cœur palpite un secret désir de survivance, mais sur quoi fondé, puis-je le savoir? » Il concluait que le rechercher était le signe d'un esprit malade et ne s'en occupait pas davantage; mais tout le monde ne prend pas son parti de cette ignorance aussi philosophiquement que Proudhon.

Il n'est point de sentiment plus vivant, qui résiste mieux aux efforts que l'on fait pour l'arracher. Quand l'esprit est à bout d'arguments pour le défendre, le cœur se met de la partie et déconcerte la plus habile critique. Nous nous souvenons d'une controverse religieuse très savamment conduite en présence d'une dame qui ferma la bouche aux orateurs par cette déclaration inattendue : « Vous m'avez parfaitement démontré que Dieu n'existait pas, mais vous ne m'empêcherez pas de l'aimer. »

Il faut donc que la philosophie positiviste y prenne garde: elle aurait tort de gâter, par des négations en dehors de son droit, les services qu'elle a rendus. Personne ne lui contestera le mérite d'avoir relevé le sentiment du dévouement a l'humanité et des devoirs civiques; mais qu'elle reste dans sa sphère. Il y a, dans l'homme, autre chose que le cerveau. Victor Hugo ne voulait pas que l'on y fit des ratures ; mais il n'en faudrait pas faire non plus dans le cœur humain.

C'est un fait très grave, très digne de fixer l'attention, qu'alors que l'instrument de la connaissance, la raison, s'arrête et avoue son impuissance, nous persistions à poser des questions qui paraissent insolubles, et dont nous voulons la solution avec une exigence irréductible.

Quand le cerveau ne nous guide plus, faut-il donc permettre au cœur de le faire? Quand la raison se tait, faut-il donner la parole au sentiment?

Un esprit sévère aura de la peine à y consentir. Mais la terrible question est toujours là qui vous poursuit.

Et qui sait, après tout, s'il est bien certain que la raison, oui, la raison elle-même, soit impuissante à venir ici encore à notre secours? Qui sait si le champ qu'on appelle religieux, et qui n'est, au fait, que psychologique, est réellement interdit à l'investigation scientifique? Qui sait si la méthode féconde, la seule rationnelle, appliquée avec tant de succès à l'étude du monde extérieur, celle qui chasse les fausses notions de matière, d'entités, etc., pour ne considérer que les faits et les lois, qui sait si cette méthode, transportée dans la psychologie, ne permettrait pas à la raison elle-même de sonder ces mystères?

Certes, l'essai valait la peine d'être tenté. Il l'a été par un philosophe trop peu connu chez nous, un Français cependant : M. Renouvier.

De même que les Claude Bernard, les Berthelot se sont débarrassés de la notion de *matière*, de même M. Renouvier écarte la notion de *substance*; il ne s'appuie que sur l'incontestable : le *phénomène* et la *loi* (1). Ils lui suffisent à justifier les trois postulats de Kant : la *liberté*, la *persistance de la personnalité humaine dans d'autres existences*, et un *Dieu créateur*.

Ces postulats, en effet, ne sont pas autre chose que l'application de la loi morale.

Du fait seul que la loi morale nous oblige —

_______

(1) Renouvier. Le Phénoménisme, dans l'*Année Philosophique*, par Pilon, 1891.

et qui pourrait nier cette obligation? L'attrait qu'elle a pour notre nature, la protestation de notre conscience quand nous la violons? — ce seul fait démontre notre *liberté* : « Nous sommes donc libres de nous y conformer dans nos actes, dit M. Renouvier. S'il n'en était pas ainsi, si notre conduite était dans tous les cas, déterminée d'avance, il se trouverait que cette loi nous commande de faire ce qu'il est impossible que nous fassions, ou nous interdit de faire ce qui est inévitable que nous ferons; il y a donc contradiction entre la *nécessité* ainsi admise et l'*obligation* au commandement moral. »

« Mais la vie libre, sous la loi du devoir, appelle la croyance en la vie future, suite et sanction de la vie présente et accomplissement des fins dont celle-ci n'a que la perspective et le désir; et la croyance en la vie future implique le postulat de la divinité, tout au moins en ce sens général de la donnée d'un plan moral de l'univers ou monde moral, lequel, en notre pensée, est difficilement séparable de l'exis-

·tence d'une conscience universelle dirigeante. »

C'est de l'induction, nous dira-t-on, et de l'induction singulièrement hasardée : en sciences physiques, dont vous prétendez emprunter ·la méthode, il n'y a rien de semblable.

Le croyez-vous? Pas même en astronomie? Quand M. Leverrier annonça l'existence de sa planète, l'avait-il donc *vue* préalablement? Non, certains indices, certains mouvements des astres voisins avaient décélé à son génie la présence d'un centre d'attraction probable; mais jusqu'au moment où il le *découvrit*, M. Leverrier était resté dans les inductions, dans les hypothèses. C'est l'état où nous nous trouvons vis-à-vis des notions de Dieu et de vie future; mais on ne saurait prétendre que nous ·sommes hors du domaine de la raison.

Et remarquez ici la liberté d'esprit du philosophe : fidéle à son système de n'accepter que les phénomènes et leurs lois, M. Renouvier n'hésite pas à le dégager des hypothèses contradictoires dont ses devanciers ont embarrassé la notion divine. Il admet « comme la prenière des lois objectives le principe de la contradiction » et, par conséquent, il repousse absolument le déterminisme et cette notion d'une divinité renfermant en elle toutes les contradictions — nous pourrions ajouter, embrassant d'un même regard le passé et l'avenir, y compris, dans ce dernier, jusqu'aux actes *libres* de l'homme. Il exclut de ses spéculations « l'éternité du monde phénoménal et ce que les philosophes ont appelé la *nature divine*, qui renfermait les infinis et les contradictoires, » il lui substitue l'idée de *personne*, et admet la thèse du *premier commencement* des phénomènes dans la création.

« La conscience, ou les consciences dont nous ne pouvons séparer l'idée et l'existence des lois, ont, pour la même raison, un commencement et le même qu'elles (dans la *volonté* du créateur), et le commencement, à ce point de vue de la pensée, ne peut se nommer que *volonté*. Ce que nous chercherions à concevoir avant cela, en dehors de cela est, pour la connaissance, *l'abîme*, et l'abîme, où les mystiques ont essayé de descendre, n'est pas lui-même, quoi qu'on en dise, une *connaissance*. »

Ainsi, la *liberté* démontrée par l'obligation à la loi morale;

La persistance de la personnalité individuelle indiquée par les nécessités d'accomplissement des fins de la loi morale, par le désir inné et invincible d'arriver à cet accomplissement;

Enfin, un Dieu personnel et créateur, garantie nécessaire de la loi morale, voilà la thèse dans son entier.

Pour la faire admettre, la difficulté naîtra de la question de la survivance. Quelles preuves, ou plutôt quelles probabilités, nous en fournit le Philosophe?

Les motifs de croire, nous dit M. Renouvier, ce sont « le désir d'être et de vivre, joint à cette volonté, à cette activité soutenue, à ce travail qui, à mesure du progrès de la réflexion, sont constamment tendus à relier, ordonner, diriger des états de sensations et des associations d'idées, dont le relâchement, l'incohérence, l'échappement à l'hégémonie intérieure produiraient l'aliénation temporaire ou la perte même de la personnalité. » En d'autres termes, c'est cet effort constant vers le progrès, que n'arrête pas une minute la certitude de la mort, et qui semble supposer comme acquise, au contraire, la certitude de la durée.

Mais ces indices admis, une grosse question surgit encore : la mort est là, avec toutes les apparences d'un anéantissement trop réel de cette personnalité. Comment celle-ci reparaîtra-t-elle à l'existence ? Sur cette question, voici la réponse très sincère de M. Renouvier : « Pour reproduire et coordonner dans un temps à venir nos phénomènes, dont la mort interrompra tout-à-l'heure le fil, nous ne pouvons plus compter que sur une œuvre secrète de la nature divinement conduite. »

Voilà, convenons-en, la réponse d'un esprit de bonne foi et qui ne cherche à surprendre la conviction de personne. Nous comprenons les résistances qu'une telle croyance pourra rencontrer ; mais nous ferons observer que la survivance est un corollaire de la loi morale et que, si l'on admet celle-ci, il ne serait pas logique de nier sa conséquence par cela seul qu'on ignore le moyen par lequel elle se réalisera : les rapports de liaison de notre être avec la substance qui forme notre organisme corporel ne sont pas accessibles à notre connaissance.

Et, somme toute, posant nos conclusions à côté de celles de la philosophie positiviste ou spiritualiste, ou de toute autre, sans parler des fantaisies pseudo-religieuses dont le monde actuel est inondé et ennuyé, nous dirons : choisissez ! nous bornant à la prétention : premièrement, d'avoir cherché à donner satisfaction au sentiment religieux de l'âme humaine ; secondement, d'avoir été fidèle, dans nos recherches, à la méthode scientifique. Sans doute nous n'arrivons point à la certitude ; sans doute nous restons dans l'hypothèse ; mais dans une hypothèse rationnelle, à laquelle nous sommes conduits par une induction parfaitement justifiée. Pour tout esprit de bonne foi, c'est quelque chose.

On le voit : le cycle est formé ; l'athéisme des esprits forts a fait son temps ; on revient aux vieilles croyances en Dieu et en la vie future ; mais combien différentes ! épurées des antiques superstitions, non plus imposées par la foi, mais présentées par la raison, qui, sans entraîner l'absolue conviction, vous plaçant entre leur négation et leur affirmation, vous force au moins à convenir qu'il y a plus de probabilités pour celle-ci que pour celle-là.

Telle est donc la situation morale des esprits cultivés. Qu'en est-il descendu sur le peuple ? Voilà la question qui nous reste à étudier maintenant.

# CHAPITRE XVII



**La doctrine religieuse du socialisme militant. — Bon sens et moralité**

Il faut reconnaître tout d'abord que la masse des paysans reste fidèle à la religion chrétienne, et qu'il existe encore une proportion notable du peuple, dans les villes, qui fait de même. La ferveur est moindre peut-être et l'autorité du prêtre diminue, témoin son influence de moins en moins obéie dans les luttes électorales.

A vrai dire, il n'y a guère, dans le peuple, que les socialistes — et les socialistes *socialisant* — qui échappent complètement aux vieilles Eglises.

Le nombre n'en est point grand, et il faudra le réduire encore si nous voulons y comprendre seulement ceux qui ont une doctrine.

Il est toutefois intéressant de voir quelles sont ces doctrines et de quelles écoles philosophiques elles ont dû descendre.

Le spiritualisme a pu donner le « Dieu des bonnes gens » à ceux qui montrent aujourd'hui une grande indifférence religieuse ; mais il faudrait se garder de voir dans cette indifférence le caractère d'une rupture avec l'Eglise ; celle-ci reconquerra « l'indifférent » en face de la mort. — Et que de bourgeois en sont là ?

Ce n'est point l'altruisme d'Auguste Comte, ni à plus forte raison le phénoménisme savant de M. Renouvier qui feront de sitôt des adeptes dans la classe ouvrière : Le peuple ne passe point sans transition de la foi à la philosophie. Et la transition, pour lui, c'est la négation pure et simple, mais formelle : « ni Dieu ni maître ! » Voilà la formule qu'a saisie et acceptée l'ouvrier socialiste ; c'est l'athéisme qui a réussi.

Oui, *ni Dieu ni maître* : telle est la loi nou-

velle dont Blanqui s'est fait le prophète.
Point de Dieu pour contenir l'ouvrier dans
l'obéissance par la crainte de l'enfer et la pro-
messe décevante d'une vie à venir; point de
Maître pour maintenir le prolétaire dans la dépendance du « bourgeois.... » C'est là la doctrine des chefs, que répètent les adeptes qu'ils
ont entraînés. Et maintenant, nous le demandons: Si, à côté de cette doctrine psychologique,
on place, comme on doit le faire, la doctrine
économique de Marx, montrant, dans les mains
du « bourgeois », les richesses acquises par un
vol aux travailleurs, n'est-ce point la bête humaine, affranchie de toute appréhension comme de tout scrupules, lâchée à la curée?

Et, ici, les protestations indignées, si sincères qu'elles fussent, ne changeraient rien aux
choses. Les socialistes auront beau exalter
l'idéal de leur société future, en faire « l'expression même des sentiments de solidarité et
de justice », ils ne pourront disconvenir
que *tous* jusqu'aux plus modérés des marxistes
admettent que, si la société présente se refuse

à une évolution pacifique, on la contraindra par la force.

Or, comme « l'évolution » qu'ils exigent, consisterait, pour les possesseurs actuels, à se laisser dépouiller, il y a des probabilités assez fortes pour croire que ceux-ci opposeraient quelque résistance. On peut donc affirmer que dans l'opinion des socialistes militants, la révolution violente ne peut être évitée.

Et c'est ce brigandage savant, sorti d'une cervelle tudesque, que l'on espère faire accepter par l'ouvrier français ?

On se trompe ; deux choses le sauveront : son bon sens et sa moralité.

Son bon sens : s'imagine-t-on, par hasard, quelle que soit sa faible instruction, lui faire admettre comme possible un état social où tous les biens seront communs, le travail au goût de chacun et dégagé de toute peine ? où un conseil élu distribuera les fonctions dans la commune, un autre conseil dans la nation, un autre sur la terre, de sorte que, dans la commune, dans la nation, partout, chacun se sentira sous une providence qui le dispensera de toute spontanéité et lui enlèvera jusqu'au goût de la liberté ? Dégagé, d'ailleurs de tous les soins et soucis que la civilisation traîne après elle, il n'aura la charge ni de ses parents, ni même de ses enfants, s'il les connaît? voilà, en effet, un aperçu des destinées que le Socialisme d'école promet à l'ouvrier.

Par malheur, la possession collective n'a aucun attrait pour le travailleur ; ce qu'il convoite, nous l'avons dit : c'est un bout de terre *à lui*, à lui seul ; une maison à lui, ou une petite industrie, un *chez soi*. Il ne demande pas qu'on dégage le travail de toute peine ; il sait que son produit est lié à l'effort, et il ne comprendra jamais que la liberté laissée à chacun de de travailler ou de chômer, les séances de deux heures et le choix de l'ouvrage assurent à une Commune, à un Etat ou à l'humanité l'exécution de tous les travaux, même des répugnants, et l'abondance générale. La privation de ses enfants et l'incertitude de la paternité n'est point l'idéal qu'il caresse ; le foyer n'a point perdu ses charmes, et la « papillonne » ne le lui remplace pas. Tout cela, à vue de pays, paraît à l'ouvrier un mélange d'impossibilités et de répugnances, où tous ses instincts sont froissés. Voilà ce que son bon sens lui dira au sujet de cet idéal social qu'on lui promet.

Quant au brigandage préalable que lui commanderont des chefs, prudemment tenus à l'abri pendant la bagarre ; quant au vol et au massacre du « bourgeois », on ne les fera jamais accepter par l'ouvrier français. Quelques malheureux, poussés à bout par la misère, entraînés par des fanatiques ou de criminels ambitieux, considérant d'ailleurs qu'ils n'ont rien à perdre, pourront peut-être, sur quelques points, essayer quelques tentatives, bientôt arrêtées ; mais une levée générale du prolétariat pour l'extermination de la société actuelle, on ne la verra jamais chez nous.

Mais qu'est-ce donc qui le contiendra, nous dit une certaine école, l'ouvrier n'ayant plus le frein de la religion?

Je pourrais répondre que cette affirmation

n'est point vraie, je l'ai montré, pour une forte proportion de la classe ouvrière ; je pourrais ajouter que, même pour le peuple qui ne suit point un culte, le sentiment religieux — quelquefois à son insu — parle à son âme comme à toute âme humaine.

Mais ce n'est point sur cette considération que je veux m'appuyer pour repousser le soupçon que l'on ne craint point de jeter sur l'ouvrier : c'est sur sa conscience, sur son instinct d'honnêteté, sur l'attrait inné que la justice exerce sur lui.

L'école à laquelle je faisais allusion tout à l'heure nous dira que c'est l'éducation religieuse qui a mis cet attrait dans la conscience. Non, il y était avant. Que chacun se rappelle, ici, sa propre histoire. Vous avez reçu, tout petit, des leçons de morale, vous les avez apprises par cœur. Pus tard, s'il vous est arrivé d'accomplir un devoir, de faire un acte bon et juste, était-ce donc pour appliquer la leçon apprise ? Non, vous n'y songiez nullement, et c'est après l'action accomplie que — peut-être, si vous y avez pensé. — vous avez pu la reconnaître conforme au précepte enseigné, mais la leçon n'a été pour rien dans l'accomplissement.

Et cela s'explique à merveille : Les enseignements reçus par l'enfant sont entrés dans sa mémoire, mais ils n'ont point pénétré encore dans sa conscience. Il les répétera par cœur, mais il ne les sentira pas et il ne les fera pas *siens*, et pourtant sa conscience ne le conduira pas moins, instinctivement, aux actes justes.

Hé bien ! je dis que cette conscience, nous la retrouvons dans toute sa puissance chez l'ouvrier. Que de fois n'avons-nous pas été frappé de son énergie ?

Ne venez donc pas nous dire que le prolétaire français n'attend que le signal de la Révolution. Il attend, il appelle l'action des hommes de cœur qui l'aideront à conquérir pour sa famille et pour lui la sécurité du lendemain.

Il l'aura.

# CHAPITRE XVIII



**Préventions. — L'Évolution a commencé. —
Intérêts liés du patron et de l'ouvrier.**

Nous voici arrivé au bout de notre tâche. Dans
cette difficile matière, connaissant les écueils
semés sur notre route, sachant fort bien que
nous marchions entre deux préventions : celle
de l'ouvrier qui, naturellement, nous soupçonne
de travailler dans l'intérêt exclusif des « bourgeois », et celle des « bourgeois », pour qui le
simple fait de toucher aux questions sociales
devient suspect et lui fait voir tout de suite un
courtisan de l'ouvrier dans l'écrivain qui
reconnaît la justesse de quelques-unes de ses

revendications, nous n'avons cessé de prendre pour guide la justice, et ce qu'en toute bonne foi, en toute conscience, nous croyons être la vérité.

Non, nous ne courtisons point l'ouvrier. Nous sommes au bout de notre carrière, nous n'avons plus rien à demander au suffrage universel. C'est un hommage de reconnaissance à ceux qui nous ont si longtemps témoigné leur estime, qui nous a inspiré ce livre, écrit, que l'on en soit convaincu, dans l'intérêt de tous, producteurs et salariés, possesseurs et prolétaires.

Nous étudions le mouvement social depuis 1848 et même avant. Nous avons été témoin des essais imprudents de réalisation tentés à cette époque. On ne savait pas ; on ne pouvait aboutir qu'à compromettre les intérêts qu'on entendait servir et à effrayer la société. C'est ce qui arriva et qui contribua, pour une forte part, à perdre la seconde République.

Aujourd'hui, l'étude et l'expérience ont mûri les questions : La voie est ouverte, ceux qui s'y sont engagés dans les conditions nécessaires en ont retiré les plus heureux résultats ; donc, il faut marcher.

Il faut marcher, car l'agitation du monde du travail n'est pas un rêve ; ne rien prévoir, ne se préparer à rien, ne pas avoir de plan arrêté, soit pour l'organisation, soit pour la défense de la société, c'est comme si l'on s'endormait dans le lit d'un torrent.

Les moyens sont trouvés ; à l'heure qu'il est on en connaît deux, leur marche est encore lente, mais on parviendra à la rendre plus rapide. Ils suffisent à renvoyer dans les éventualités impossibles le bouleversement criminel de la société présente. Les faux prétextes se sont évanouis devant l'analyse sévère de la situation. Non ! il n'y a point de quatrième État à faire surgir. Nous sommes une nation démocratique et égalitaire et nous le resterons. Point de *Révolution*, mais l'*évolution successive* pour tous.

Ceux qui, partis du prolétariat, ont conquis la sécurité du lendemain SONT ARRIVÉS. Les ouvriers de la maison Leclaire sont arrivés ; les ouvriers de l'établissement Laroche-Joubert, les associés de la Villette, etc., sont arrivés. Pourquoi les autres n'arriveraient-ils pas comme eux ?

J'en vois aussi, un peu partout, qui, sans participation et sans le secours des Sociétés coopératives, sont également arrivés par le zèle et l'épargne sur des salaires, lesquels probablement, quoi qu'en ait dit Marx, contenaient bien une petite part inaperçue de la plus-value produite ?

Mais tout cela ne vaut pas la pratique claire et loyale de la participation et de la coopération.

Nous demandons au lecteur la permission de mettre sous ses yeux une dernière citation ; ce sera la conclusion de ce travail.

On va voir comment, avec du cœur et de l'intelligence, on parvient à améliorer le sort des ouvriers et ses propres affaires.

*Fabrique néerlandaise de levure et d'alcool, dirigée par M. Van Marken, à Delft (Hollande). (Bohmert, p. 609).*

Fondée en 1869, capital 400,000 florins, occupant 170 ouvriers. M. Van Marken a toujours été préoccupé de l'idée si juste de solidariser les intérêts du capital, de l'intelligence directrice et du travail.

En 1874, il commence par accorder des primes pour les quantités de levure et d'alcool dépassant le rendement moyen obtenu avec la même somme de matières premières. Résultat : augmentation sensible de la production des ouvriers intelligents, peu d'effet sur les autres.

Plus tard, en augmentant les salaires, on a eu proportionnellement un rendement plus élevé du travail, plus d'ardeur et d'habileté chez l'ouvrier.

En 1880, la participation aux bénéfices commence : les fonds sont employés à la création d'une caisse de retraites pour les ouvriers; 3,000 florins sont fournis par la maison.

Puis 10 0/0 des bénéfices sont versés à une compagnie d'assurances sur la vie, à raison de 7 jusqu'à 9 0/0 du salaire pour chaque ouvrier.

En 1881, M. Van Marken met à la disposition du personnel dix actions de la société, de mille florins chacune, au cours d'émission (120 0/0), afin de fournir aux ouvriers l'occasion de participer, avec leurs épargnes, aux dividendes et aux risques du capital. Ces dix actions étaient déposées dans une boîte qui ne pouvait être ouverte qu'en présence de M. Van Marken et de deux commissaires, munis chacun d'une clef différente.

Sous la garantie de ces dix actions, on émit 1,000 certificats nominatifs de 12 florins chacun, qu'on mit à la disposition du personnel, en donnant la faculté d'en acquérir jusqu'à dix. Pour le paiement de ces certificats, l'ouvrier pouvait disposer des fonds placés à la caisse d'épargne. Il revenait annuellement à chaque certificat la millième partie du dividende attribué à l'ensemble des dix actions.

Cette combinaison eut plein succès.

Autres institutions fondées en faveur du personnel : secours à l'ouvrier malade, assurances contre les accidents et contre l'incendie, développement de l'intelligence des enfants et des adultes, distractions bonnes et saines, maisons ouvrières, à de bonnes conditions.

M. Van Marken raconte qu'au début on se moquait de ses idées : « Belle philanthropie, disait-on ; mais de dividendes, point. » Il ajoute : « J'ai toujours récusé ce nom de philanthrope, qui, même prononcé sans ironie, ne constitue pas un titre d'honneur pour l'industriel pratique. J'ai la conviction que l'industriel a, de nos jours, une mission à remplir ; mais que, en la remplissant, il travaille, non à ses dépens, mais dans son propre intérêt. Il faut être aveugle pour nier que la prospérité et la moralisation du travailleur augmentent ses forces physiques et intellectuelles, encouragent son zèle et son assiduité, et contribuent, par conséquent, à la prospérité du patron. »

Ainsi parle, par suite de son expérience, un chef d'usine : c'est son intérêt de favoriser la participation et la coopération. Il en est si convaincu qu'il prononce ces paroles, adressées aux patrons :

« Essayez ! Je voudrais prêcher ce mot sur les toits et être entendu de tous mes collègues, chefs d'industrie, grands ou petits. Cherchons la prospérité en rendant les autres prospères ; cherchons le bonheur en rendant les autres heureux. Nous travaillons dans notre intérêt et dans l'intérêt de l'humanité entière en travaillant pour le bien-être des ouvriers. Sacrifions, dans ce but, un peu de nos loisirs ; hasardons un peu de notre argent, et, enfin, mettons-y un peu de dévouement. »

Oui, un peu de dévouement, car la liberté ne suffit point. Elle serait suffisante si tous les membres d'une nation se présentaient au combat de la vie également armés. Nous avons vu qu'il n'en était point ainsi et que la liberté devient une ironie cruelle pour celui qui ne trouve rien autour de son berceau. Et alors, il faut que le sentiment de solidarité s'élève jusqu'au niveau de la justice dans le cœur de ceux que leur naissance a favorisés, et que la bonté le féconde.

# TABLE DES CHAPITRES

## PREMIÈRE PARTIE

### CHAPITRE PREMIER

#### SITUATION DE L'OUVRIER



### CHAPITRE II

#### LE SYSTÈME DE MARX



### CHAPITRE III

#### LES SOLUTIONS DE LA QUESTION SOCIALE

## CHAPITRE VIII

### LE PARTAGE DES PRODUITS DU TRAVAIL



## CHAPITRE IX

### PARTICIPATION AUX BÉNÉFICES



## CHAPITRE X

### SUITE



## CHAPITRE XI

### SUITE



## CHAPITRE XII

### SUITE

# CHAPITRE XIII .

## ASSOCIATION COOPÉRATIVE DE PRODUCTION



# CHAPITRE XIV

## L'AGRICULTURE ET LA COOPÉRATION



# CHAPITRE XV

## LE QUATRIÈME ÉTAT



# CHAPITRE XVI

## SITUATION MORALE DE L'OUVRIER



# CHAPITRE XVII

## FAUSSES APPRÉCIATIONS

## CHAPITRE XVIII

### CONCLUSION